Dr. Erich Übelacker

Unser Sternenhimmel rund ums Jahr

Inhalt

Vorwort _____ 3

Grundlagen der Himmelskunde

Erde, Sonne und Weltall _____ 4
Mond und Planeten _____ 6
Die Fixsterne, Milliarden ferne Sonnen _____ 8

Der Sternenhimmel rund ums Jahr

Der Sternenhimmel im Januar _____ 10
Himmelspanorama Januar _____ 12
Der Sternenhimmel im Februar _____ 14
Himmelspanorama Februar _____ 16
Der Sternenhimmel im März _____ 18
Himmelspanorama März _____ 20
Der Sternenhimmel im April _____ 22
Himmelspanorama April _____ 24
Der Sternenhimmel im Mai _____ 26
Himmelspanorama Mai _____ 28
Der Sternenhimmel im Juni _____ 30
Himmelspanorama Juni _____ 32
Der Sternenhimmel im Juli _____ 34
Himmelspanorama Juli _____ 36
Der Sternenhimmel im August _____ 38
Himmelspanorama August _____ 40
Der Sternenhimmel im September _____ 42
Himmelspanorama September _____ 44
Der Sternenhimmel im Oktober _____ 46
Himmelspanorama Oktober _____ 48
Der Sternenhimmel im November _____ 50
Himmelspanorama November _____ 52
Der Sternenhimmel im Dezember _____ 54
Himmelspanorama Dezember _____ 56

Planeten, Sterne, Sternsysteme

Der Mond _____ 58
Die Sonne, Kernenergie für Jahrmilliarden _____ 60
Das Sonnensystem _____ 62
Merkur und Venus _____ 64
Mars und Kleinplaneten _____ 66
Jupiter und seine Monde _____ 68
Saturn mit seinen Ringen und Monden _____ 70
Uranus, Neptun und Pluto _____ 72
Kometen und Meteorite _____ 74
Fixsterne _____ 76
Sternhaufen und Nebel _____ 80
Das Milchstraßensystem _____ 82
Ferne Galaxien _____ 84
Glossar _____ 86

Vorwort

Nicht nur unsere Beziehung zur irdischen Natur und Umwelt, auch der für frühere Generationen selbstverständliche, faszinierende Anblick des klaren nächtlichen Sternenhimmels ist im dichtbesiedelten Mitteleuropa der technischen Zivilisation des 20. Jahrhunderts weitgehend zum Opfer gefallen. Allen künstlichen Lichtquellen und Belastungen unserer Atmosphäre zum Trotz lohnt es sich jedoch immer noch, zu Planeten, Mond und Sternen zu blicken. Dieses Buch soll, ähnlich wie meine monatlichen Fernsehsendungen, hierfür eine kleine Hilfe sein.

Allerdings ist es unmöglich, die jeweils sichtbare Himmelshalbkugel auch nur annähernd naturgetreu auf einer Buchseite oder dem Bildschirm darzustellen. In den Monatsübersichten, die den zentralen Teil des vorliegenden Buches ausmachen, wird dieses alte Problem auf zwei verschiedene Weisen wenigstens teilweise gelöst. Die runden Sternkarten zeigen alle zum Beobachtungszeitpunkt sichtbaren, also auch die zenitnahen Sternbilder, erlauben jedoch keine naturgetreue Darstellung des Horizonts. Die Himmelspanoramen auf den jeweils folgenden Seiten besitzen den großen Vorteil eines ebenen, der Natur entsprechenden Horizonts, gestatten jedoch keine Zenitdarstellung.

Während bei den runden Sternkarten die wichtigsten astronomischen Objekte des Monats besprochen werden, kommt auf den Seiten, welche die Panoramen zeigen, auch die Sagenwelt unserer Vorfahren zu ihrem Recht, so daß der Leser erfährt, wie die bekanntesten Sternbilder zu ihren Namen kamen.

Im ersten Kapitel sind die für das Verständnis der wichtigsten Himmelserscheinungen nötigen astronomischen Grundbegriffe zusammengefaßt. Das letzte Kapitel soll darüber hinaus das Wissen über Planeten, Sterne und Sternsysteme ein wenig vertiefen, ohne natürlich einen Gesamtüberblick über das ganze Bibliotheken füllende, gewaltige Wissensgebiet der Himmelskunde geben zu können. Das zentrale Anliegen dieses Buches ist es jedoch, dem Leser das sich ständig ändernde Geschehen auf der Himmelsbühne näherzubringen.

Erich Übelacker

Grundlagen der Himmelskunde

Erde, Sonne und Weltall

Unsere Erde, der Planet des Lebens, ist gemessen an den Dimensionen der Sterne und des Universums nur ein sehr kleiner Himmelskörper. Stellt man sich die Sonne als Kugel von 1 m Durchmesser vor, so ist unser blauer Planet im selben Maßstab eine etwa 9 mm große Perle, die das Zentralgestirn Sonne in einem Abstand von 107 m umkreist. Erst 330 000 Erdkugeln würden, wenn man sie auf eine große Waage legen könnte, die Masse der Sonne ergeben. 1 300 000 erdähnliche Planeten würden in den heißen Gasleib der Sonne hineinpassen, die ihrerseits, verglichen mit anderen Sternen, eher bescheidene Ausmaße hat. Zwar ist ihr Durchmesser von 1 395 000 km für unsere Begriffe unvorstellbar groß, jedoch gibt es Sterne, in die die gesamte Erdbahn hineinpassen würde!

Sonnen, die selbst Energie in Form von Licht und Wärme erzeugen, nennt man Fixsterne, erkaltete Himmelskörper, die einen Fixstern umkreisen und von diesem beleuchtet werden, Planeten. Unsere Sonne ist von ihren Geschwistern, den nächsten Nachbarfixsternen, sehr weit entfernt. Verkleinert man das eben beschriebene Modell und stellt die Sonne als Kirsche, die Erde dagegen als 1 m entferntes Staubkorn dar, dann sind die nächsten Nachbarsterne Kirschen oder Äpfel in einigen 100 km Entfernung. Aber kommen wir nach diesem ersten Ausflug in die Tiefen des Alls zurück zu unserer Erde. Wie bereits angedeutet, umkreist sie die Sonne, und zwar ziemlich genau in 365 ¼ Tagen. Diesen Zeitraum nennt man ein Jahr. Außerdem dreht sich unser Planet in rund 24 Stunden um seine Achse, die Linie zwischen Nord- und Südpol. Diese Bewegung nennt man Erdrotation. Wenn das Land, in dem wir wohnen, der Sonne zugewandt ist, so ist es bei uns Tag, drehen wir uns von der Sonne weg, so „geht sie für uns unter", und es wird Nacht. Der irdische Beobachter dreht sich mit der Erdkugel mit, und zwar von West nach Ost. Dadurch hat er den Eindruck, daß sich Sonne, Mond und Sterne um ihn von Ost nach West bewegen. Im Osten geht die Sonne auf, im Westen unter. Ähnliche Bahnen beschreiben nachts die Sterne.

Die Erdachse steht nicht senkrecht auf der Erdbahn, sondern ist geneigt. Dadurch kommen die Jahreszeiten zustande. Im nördlichen Sommer ist die Nordhalbkugel, auf der wir wohnen, begünstigt. Sie ist zur Sonne hingeneigt, wir in Mitteleuropa bekommen viel Licht und Wärme. Für einen Beobachter auf

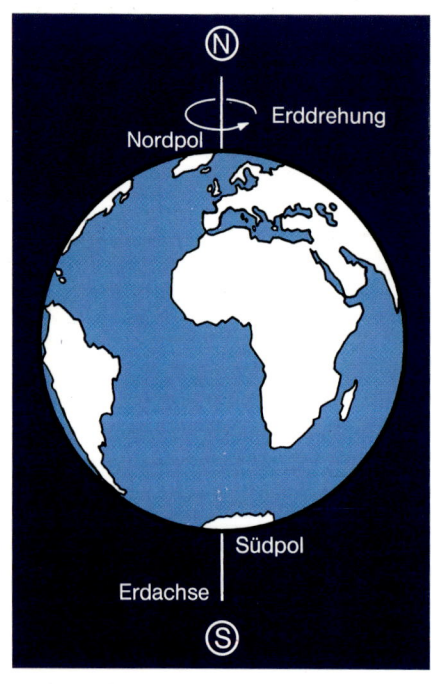

Die Erde dreht sich um ihre Achse, die Linie zwischen Nord- und Südpol.

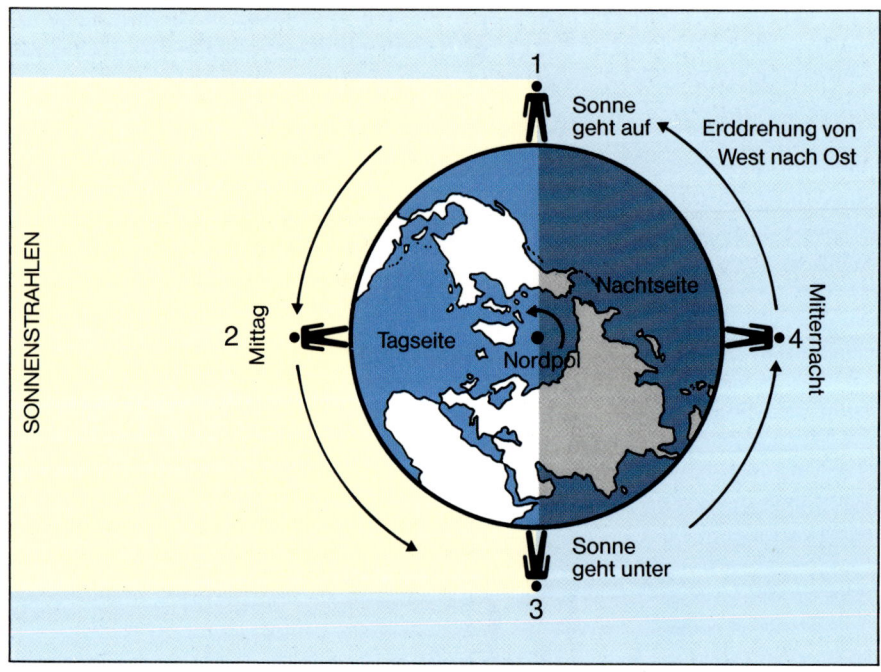

Die Erde dreht sich etwa einmal in 24 Stunden um sich selbst. Für den Beobachter 1 geht die Sonne auf, für 2 ist Mittag, für 3 Sonnenuntergang und für 4 Mitternacht.

dem Nordpol oder in nordpolnahen Gegenden geht die Sonne trotz der Erdrotation überhaupt nicht unter. Sie scheint dort rund um die Uhr, auch um Mitternacht, man beobachtet die Mitternachtssonne. Wir in Mitteleuropa sind lange auf der Tages- und kurz auf der Nachtseite der Erde. Anfang Juli beispielsweise ist die Sonne bei uns rund 16 Stunden über und nur 8 Stunden unter dem Horizont, zu Mittag steht sie sehr hoch. Den längsten Tag und die größte Mittagshöhe der Sonne erleben wir am 21. Juni. Da die Sonne danach, allerdings zunächst ganz unmerklich, wieder geringere Höhen und Tageslängen erreicht, spricht man an diesem Tag von der Sommersonnenwende. Aber warum läßt man den Sommer eigentlich an diesem Tag, an dem es, streng genommen, mit dem Sonnenstand schon wieder bergab zu gehen scheint, beginnen und nicht etwa am 15. Mai? Nun, der Sommer soll ja die wärmste Zeit des Jahres sein, und da sich Ozeane, Luft und Boden nur langsam erwärmen, sind die beiden der Sonnenwende folgenden Monate Juli und August bei uns die heißesten des Jahres. Bei Herbstanfang am 23. 9. sind Nord- und Südhalbkugel gleichberechtigt, überall auf der Erde ist die Sonne 12 Stunden über und die gleiche Zeit unter dem Horizont, man spricht von der Tagundnachtgleiche. Im nördlichen Winter ist die Nordhalbkugel benachteiligt. Der Nordpol und die polnahen arktischen Gebiete bekommen monatelang kein Sonnenlicht, auch wenn sich die Erde um ihre Achse dreht. Man spricht von der Polarnacht. Die Bewohner Mitteleuropas sind lange auf der Schatten- und kurz auf der Sonnenseite der Erde, erleben also kurze Tage und lange Nächte. Die ungünstigste Stellung wird am 21.12., der Wintersonnenwende, erreicht, bei der alle Gebiete nördlich des sogenannten Polarkreises kein Sonnenlicht mehr erhalten und bei uns die Sonne nur etwa 8 Stunden lang über dem Horizont steht. Danach geht es mit den Tageslängen langsam wieder aufwärts. Am 21.12. läßt man den Winter beginnen, da die der Sonnenwende folgenden Monate Januar und Februar die kältesten des Jahres sind. Die Südhalbkugel ist dann zur Sonne hingeneigt und erlebt ihren Sommeranfang, am Südpol und in weiten Teilen der Antarktis beobachtet man die Mitternachtssonne. Ähnlich wie am 23. 9. sind auch zu Frühlingsanfang am 21. 3. Nord- und Südhalbkugel gleichberechtigt, überall auf der Welt steht die Sonne dann 12 Stunden über und gleich lang unter dem Horizont. Der Sommeranfang kann, da die Erde die Sonne nicht genau in 365 Tagen umrundet, manchmal auf den 22. 6. fallen. Da die Erdbahn kein genauer Kreis, sondern eine Ellipse ist, ändert sich unsere Entfernung von der Sonne im Laufe des Jahres geringfügig. Am 2.1. steht die Erde in Sonnennähe, der dadurch hervorgerufene Erwärmungseffekt ist gering. Da sich ein Planet in Sonnennähe schneller bewegt als in Sonnenferne, ist das Winterhalbjahr etwas kürzer als das Sommerhalbjahr.

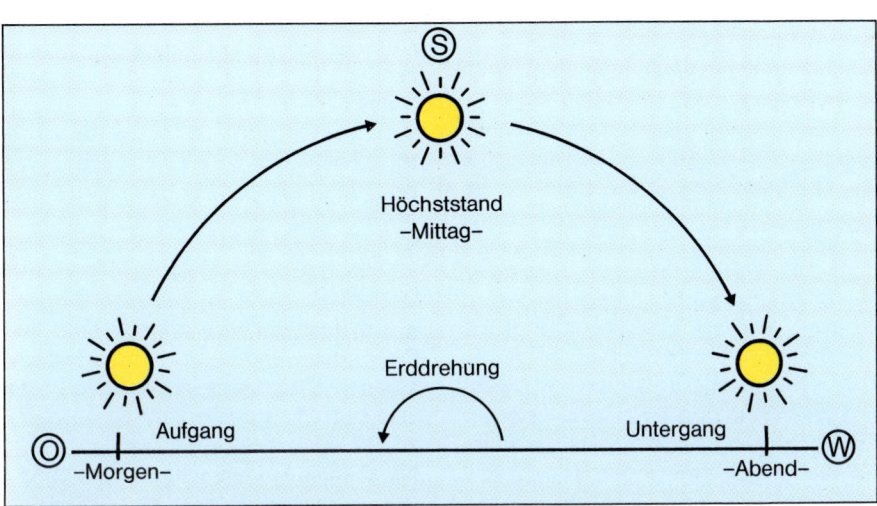

Die Erde dreht sich von West nach Ost. Dadurch wird uns vorgetäuscht, die Sonne würde sich um uns von Ost nach West bewegen.

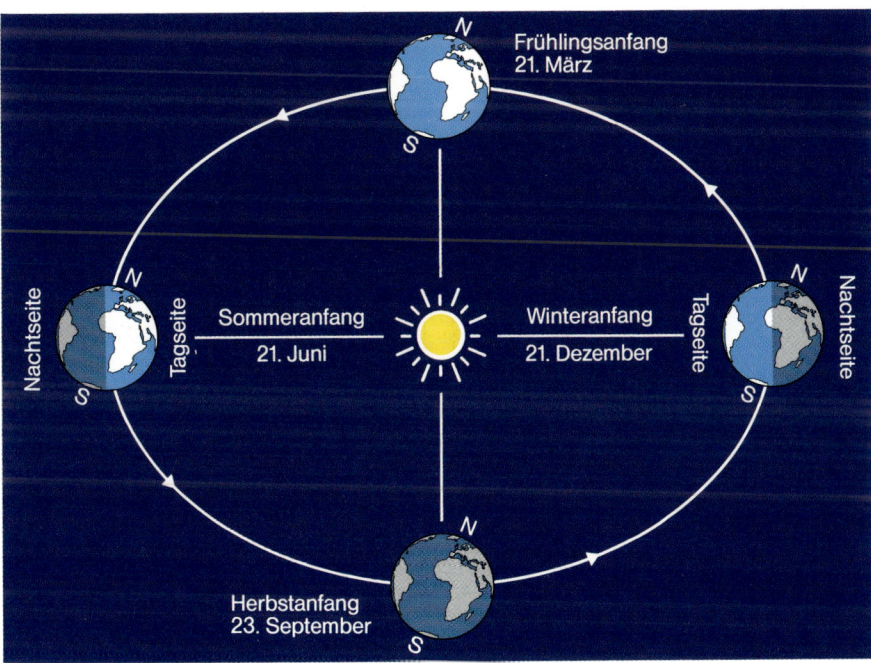

Die Jahreszeiten kommen durch die Neigung der Erdachse zustande. Im Sommer ist die Nordhalbkugel zur Sonne hingeneigt. Wir bekommen viel Licht und Wärme.

Mond und Planeten

Die Erde wird auf ihrer jährlichen Reise um die Sonne vom Mond begleitet, der unseren Planeten in einem mittleren Abstand von 384 400 km umrundet. Eine Erdumkreisung dauert 27 Tage, 7 Stunden und 43 Minuten. Der Mond wandert also täglich, von uns aus gesehen, ein großes Stück am Himmel weiter, und zwar von West nach Ost, jede Nacht steht er bei anderen Sternen. Durch diese Eigenbewegung geht er täglich etwa 50 Minuten später auf. Während seiner gesamten Reise um die Erde zeigt uns der Mond immer dieselbe Seite, die andere Hälfte unseres Trabanten war vor Beginn des Raumfahrtzeitalters völlig unbekannt. Die uns zugewandte Mondseite ist manchmal voll, dann wieder halb oder auch nur zu einem kleinen Teil von der Sonne beleuchtet. Dadurch kommen die Mondphasen wie Vollmond und Halbmond zustande. In der rechten Abbildung auf dieser Seite erkennt man die Erde, den Mond und die Strahlen der fernen Sonne, die von unten kommen und die jeweils untere Mondhälfte beleuchten. In Stellung 1 kann man den Mond von der Erde aus überhaupt nicht sehen. Er steht in Richtung der hellen Sonne, die ihn völlig überstrahlt, außerdem ist die untere, beleuchtete Mondseite der Erde abgewandt. Diese Stellung nennt man Neumond. Der Mond beginnt jetzt, wie man sagt, „zuzunehmen". In Position 2 ist die uns zugewandte Mondhälfte zu einem kleinen Teil, in Stellung 3 halb beleuchtet. Das 1. Viertel, der zunehmende Halbmond, ist erreicht. Da die zunehmende Mondsichel, von uns aus gesehen, links oder östlich von der Sonne steht, sieht man sie abends nach Sonnenuntergang. In Position 5 ist die Vorderseite des Mondes, die nun der Sonne genau gegenüber steht, ganz beleuchtet, der Erdtrabant erscheint als Vollmond. Danach beginnt der Mond wieder abzunehmen, von Tag zu Tag erscheint er uns weniger beleuchtet. In Position 7 ist die 2. Halbmondstellung, das letzte Viertel, erreicht, in Stellung 8 sieht man den Mond noch als schmale Sichel kurz vor Sonnenaufgang im Osten, da er jetzt rechts oder westlich von der Sonne steht, also kurz vor ihr aufgeht. In den letzten Tagen vor Neumond verschwindet der Erdtrabant dann in den Strahlen der Sonne, die, von der Erde aus gesehen, in der Zwischenzeit scheinbar ein Stück am Himmel weitergewandert ist. Die nächste Neumondstellung wird daher nicht nach 27 1/3, sondern erst nach rund 29 1/2 Tagen erreicht.

Manchmal tritt der Erdtrabant bei Neumond vor die Sonnenscheibe und deckt sie ganz oder teilweise zu. Man spricht dann von einer Sonnenfinsternis. Bei Vollmond kann es vorkommen, daß der Mond durch den Erdschatten hindurchläuft. Es kommt dann zu einer Mondfinsternis. Total nennt man Finsternisse, bei denen Sonne und Mond ganz, partiell, bei denen sie teilweise verfinstert sind. Auf Seite 59 findet man die Termine der nächsten in Mitteleuropa beobachtbaren Verfinsterungen.

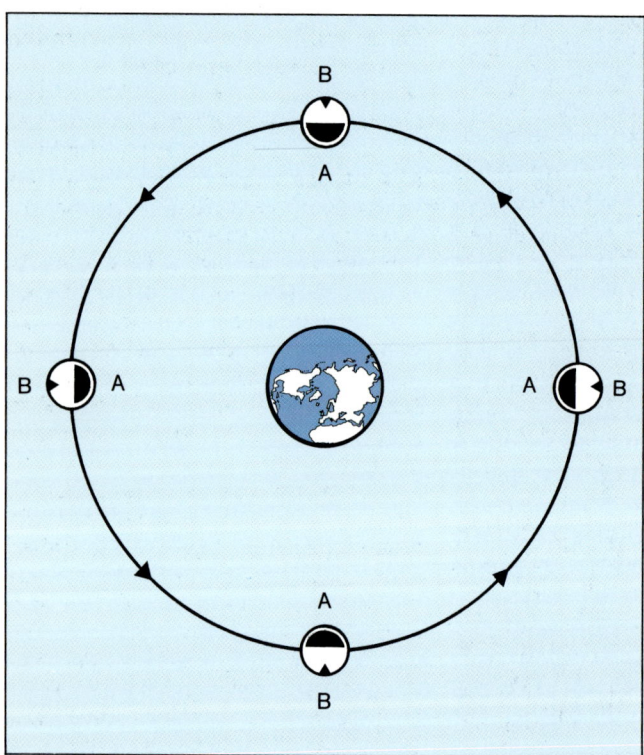

Der Mond zeigt uns immer dasselbe Gesicht. Die schraffierte Seite A weist immer zur Erde, B kann von uns aus nie gesehen werden.

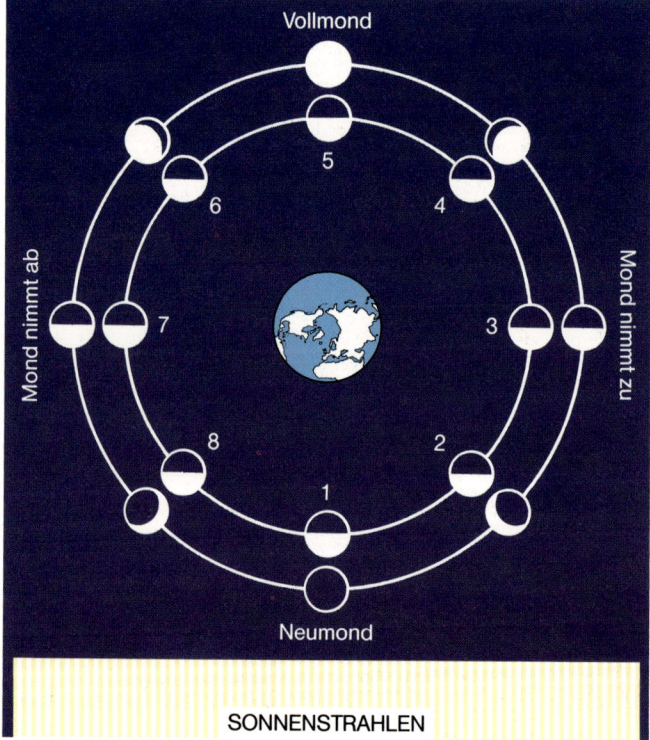

Die Entstehung der Mondphasen

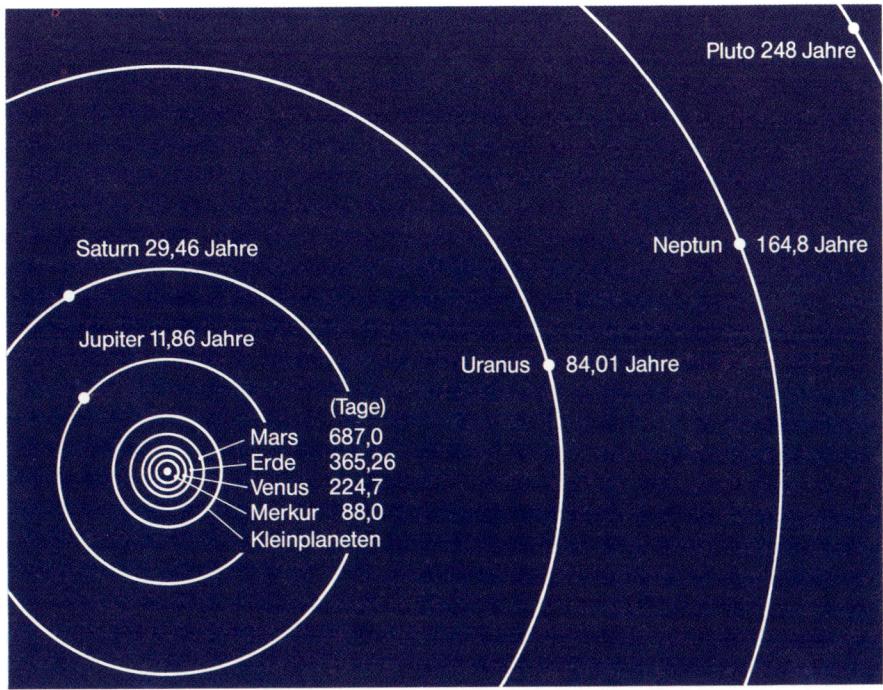

Der Aufbau des Sonnensystems. Je weiter ein Planet von der Sonne entfernt ist, desto größer ist seine Umlaufzeit.

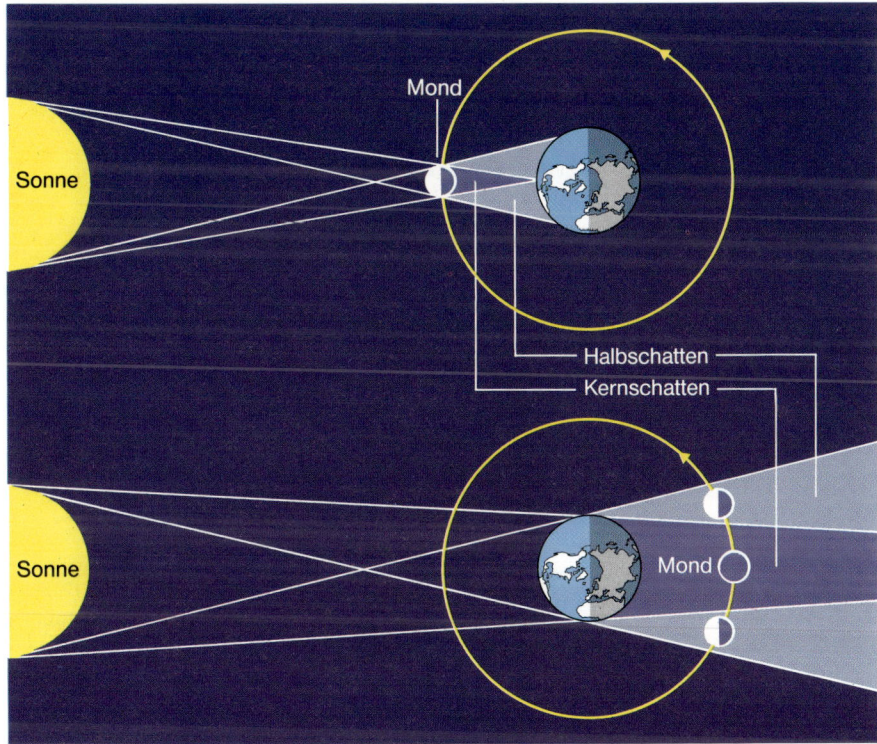

Das Zustandekommen der Finsternisse
Oben: Sonnenfinsternis (im Kernschatten total, im Halbschatten partiell)
Unten: Mondfinsternis. Befindet sich der Mond ganz im Kernschatten, so ist die Finsternis total.

Da der Mond täglich unter den Sternen weiterwandert, kann er ebensowenig in die auf den nächsten Seiten folgenden Monatssternkarten eingetragen werden wie die Planeten, denen wir uns nun kurz zuwenden wollen. Neben unserer Erde, deren Bewegungen wir schon kennengelernt haben, umkreisen noch 8 weitere große Planeten die Sonne, und zwar Merkur und Venus innerhalb, Mars, Jupiter, Saturn, Uranus, Neptun und Pluto außerhalb der Erdbahn. Entsprechend bezeichnet man Merkur und Venus als innere, Mars und Jupiter als äußere Planeten. Die Eigenschaften und Sichtbarkeitsbedingungen der 8 Geschwister unserer Erde werden im letzten Teil dieses Buches ausführlich besprochen. Durch ihre Bewegung um die Sonne stehen sie Woche für Woche vor anderen Hintergrundsternen, wobei sich insbesondere unsere unmittelbaren Nachbarn Merkur, Venus und Mars sehr rasch weiterbewegen. Ihre Positionen können leicht einem der jährlich erscheinenden Sternkalender, teilweise aber auch dem letzten Kapitel dieses Buchs entnommen werden. Besonders verwirrend ist die Tatsache, daß sich die Planeten nicht immer in die gleiche Richtung bewegen, sondern am Himmel Schleifen beschreiben.

So bewegt sich zum Beispiel Mars, von uns aus gesehen, nicht immer von West nach Ost, was seiner natürlichen Laufrichtung entspräche, sondern manchmal auch von Ost nach West. Heute kann man im Gegensatz zu früheren Zeiten diese Schleifen ganz zwanglos dadurch erklären, daß die schnelle Erde den langsamen Mars immer wieder überholt, so daß dieser während des Überholvorgangs scheinbar rückwärts läuft, ähnlich wie ein Auto, das Sie überholen, für Sie rückwärts zu fahren scheint, obwohl es sich natürlich auch vorwärts bewegt.

Merkur, Venus, Erde und Mars nennt man wegen ihrer nahen Verwandtschaft die erdähnlichen Planeten. Sie alle haben einen Metallkern, einen Gesteinsmantel und darüber, abgesehen von Merkur, mehr oder weniger dünne Lufthüllen. Die Riesenplaneten Jupiter, Saturn, Uranus und Neptun sind ganz anders aufgebaut. Sie bestehen zum größten Teil aus Sonnenmaterie, also Wasserstoff und Helium. Neben den 9 großen Planeten, zu denen man auch den Pluto zählt, umkreisen unzählige Kleinkörper wie Planetoiden und Kometen die Sonne.

Die Fixsterne, Milliarden ferne Sonnen

Sonne und Planeten sind, wie man sagt, Lichtminuten oder Lichtstunden von uns entfernt. Das weiteste Objekt, das wir je mit einem Raumfahrzeug erreicht haben, der Planet Uranus, hat eine Entfernung von rund 2,6 Lichtstunden, das heißt, das Licht oder eine Funkbotschaft sind etwa 2,6 Stunden von diesem Planeten zu uns unterwegs. Die nächsten Nachbarsonnen oder Fixsterne sind dagegen etwas über 4 Lichtjahre von unserem Sonnensystem entfernt, viele der mit bloßem Auge sichtbaren Sterne sogar mehr als 100 Lichtjahre. Im Gegensatz zu Mond und Planeten sind die Fixsterne so weit weg, daß ein ganzes Menschenleben, ja 1000 Jahre nicht ausreichen, ihre Bewegungen untereinander mit bloßem Auge zu beobachten. Sie bilden immer dieselben Figuren am Himmel, die Sternbilder wie den Orion oder den Löwen. Früher glaubte man, diese Sterne seien an der Himmelskugel festgemacht oder fixiert, daher kommt das heute etwas zweideutig klingende Wort „Fixstern". Die meisten Sternbilder sind nicht ganzjährig zu beobachten. Unsere Erde umkreist, wie bereits besprochen, die Sonne, die dadurch von uns aus gesehen täglich in einer etwas anderen Richtung steht. Wir haben den Eindruck, als würde sie, wie die Abbildung auf Seite 8 unten zeigt, jährlich einmal um die Erde wandern, und zwar auf einer Bahn, die man Ekliptik nennt. Auf dieser Bahn befinden sich die Ekliptik- oder Tierkreissternbilder wie Stier und Widder. Am 1. Januar beispielsweise steht die Sonne im Sternbild des Schützen. Diesen kann man dann nicht nachts beobachten, da er ja mit der Sonne zusammen am Tageshimmel steht und von dieser überstrahlt wird. Die Zwillinge und ihr Umfeld sind dagegen im Januar gut zu sehen, da sie ja der Sonne gegenüber auf der Nachtseite der Erde stehen. Am 1. Juli ist es umgekehrt: die Sonne befindet sich dann in den Zwillingen, die wir nun vergeblich am Nachthimmel suchen werden. In den einzelnen Jahreszeiten sieht man also verschiedene Sternbilder, man spricht vom Sommer- und Winterhimmel.

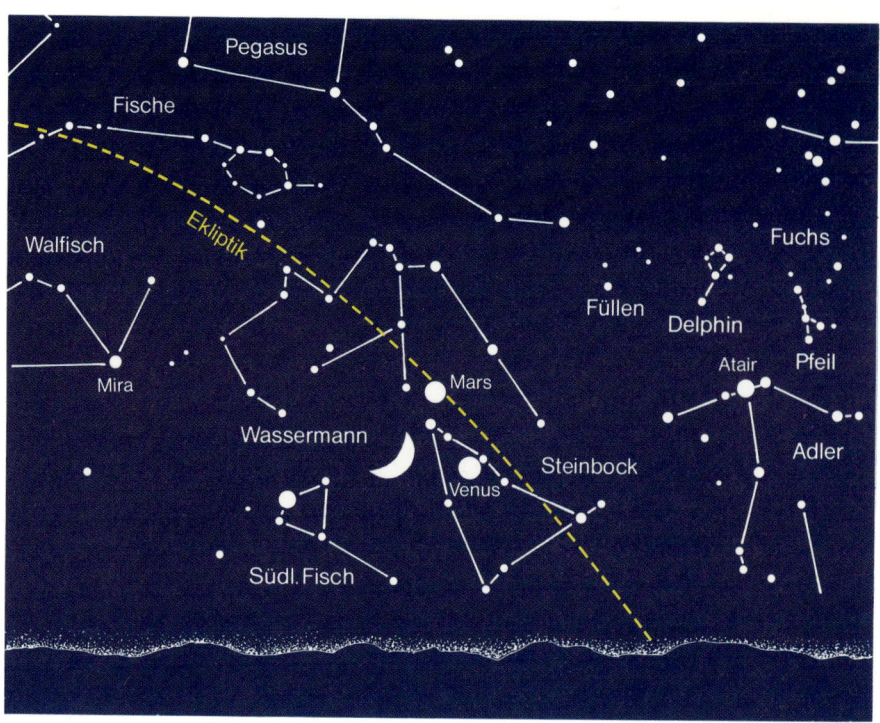

Die Sternbilder, z. B. Steinbock und Wassermann, ändern ihre Form nicht. Planeten und Mond bewegen sich gegenüber den Fixsternen.

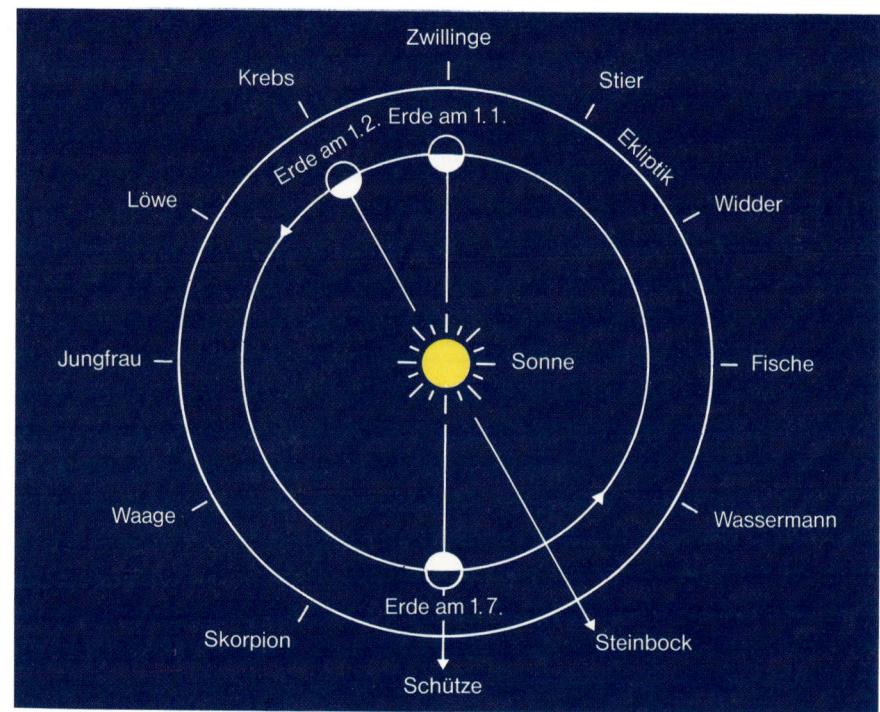

Die Stellungen der Erde am 1. 1., 1. 2. und 1. 7. Die Sonne scheint einmal jährlich durch die Tierkreisbilder zu wandern.

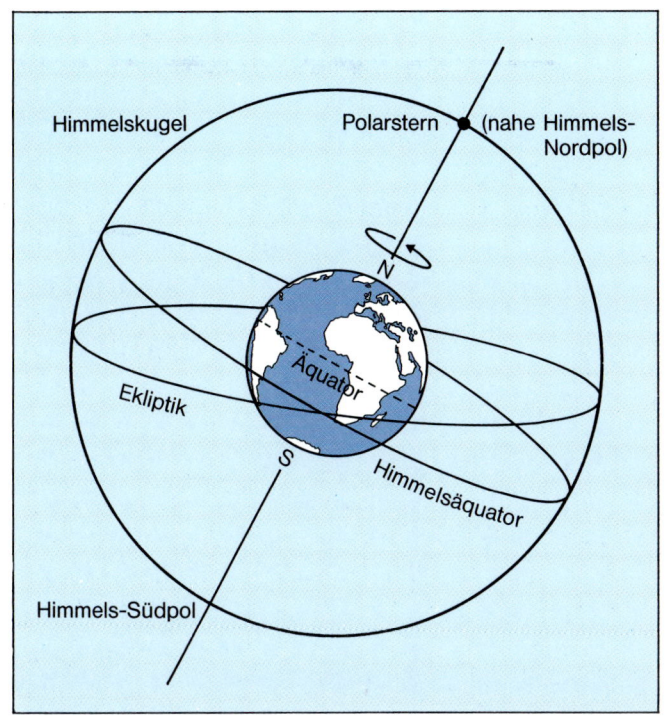
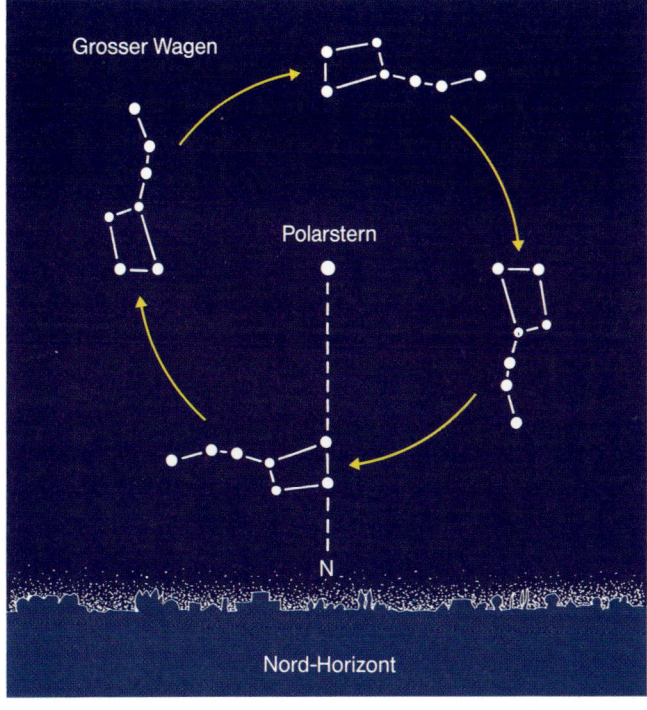

Die Lage von Himmelspol, Himmelsäquator und Ekliptik   *Der Große Wagen dreht sich scheinbar um den Polarstern und geht dabei nie unter.*

Einige Sternbilder sind jedoch, zumindest in unseren Breiten, ganzjährig zu beobachten. Verlängert man die Erdachse, um die sich unser Planet einmal täglich dreht, in Richtung Norden, so zeigt sie ziemlich genau auf den Polarstern im Kleinen Wagen. Wir Erdbewohner drehen uns mit und haben dadurch den Eindruck, der ganze Himmel würde um den Polarstern kreisen, der so zum Dreh- und Angelpunkt der täglichen Himmelsbewegung wird. Da er für uns scheinbar ruht, kann er uns als einziges Gestirn immer dieselbe Richtung zeigen, die wir „Norden" nennen. Der Polarstern steht, vom Nordpol aus gesehen, genau im Zenit, dem höchsten Punkt des Himmelsgewölbes, bei uns in Mitteleuropa dagegen in mittlerer Höhe über dem Horizont. Viele Sterne, wie z.B. die des Großen Wagens, sind sehr nahe beim Polarstern und beschreiben so kleine Kreise um diesen, daß sie nie den Horizont berühren und untergehen. Man nennt sie Zirkumpolarsterne. Vom Äquator aus gesehen würde der Polarstern am Horizont liegen, dort könnte man also keine Zirkumpolarsterne beobachten. Der Erdäquator ist vom Himmelsäquator umgeben, der die Himmelskugel in eine nördliche und eine südliche Hälfte teilt, die für uns teilweise immer unter dem Horizont liegt.

Die Sternkarten auf den nun folgenden Seiten zeigen den Fixsternhimmel über Mitteleuropa jeweils für den Monatsbeginn um 22 Uhr MEZ. Will man die Sternbilder über dem Südhorizont finden, so dreht man die Karte so, daß das Wort „Süd" unten steht, was der normalen Stellung des Buches entspricht. Genauso verfährt man mit den anderen Himmelsrichtungen. Wünscht man den Himmel über dem Nordhorizont zu simulieren, so muß man die Karte und damit das Buch auf den Kopf stellen. Neben den wichtigsten Sternbildern und Einzelobjekten sind auch Himmelsäquator und Ekliptik sowie die Lage der Milchstraße eingezeichnet. Die Himmelspanoramen auf den jeweils folgenden Seiten ersparen dem Leser das dauernde Drehen der Sternkarten und geben die horizontnahen Sternbilder einigermaßen naturgetreu wieder. Dagegen muß man bei dieser Art der Darstellung auf die zenitnahen Sternbilder verzichten. Wie bereits besprochen, verändert sich der zu einer bestimmten Uhrzeit beobachtbare Himmel im Laufe der Zeit. Der Himmelsanblick, den Sie am 1.1. um 22 Uhr haben, entspricht beispielsweise dem vom 1. 2. um 20 Uhr. Bei jeder Sternkarte ist angegeben, für welche Uhrzeit sie in den verschiedenen Monaten gilt. Wie auf Seite 76 ausführlich erläutert wird, teilt man die Sterne je nach ihrer Helligkeit in sogenannte Größenklassen ein. Früher ordnete man den hellsten Sternen die 1., den schwächsten, die man mit bloßem Auge sehen konnte, die 6. Größe zu. Das ist im Wesentlichen noch heute so, auch wenn man für die hellsten Objekte am Himmel inzwischen eine nullte und negative Größenklassen eingeführt hat. In den Sternkarten und Panoramen sind helle Sterne mit dicken Punkten, lichtschwächere mit entsprechend kleineren Punkten wiedergegeben. Darüber hinaus sind die wichtigsten Sternhaufen, also Familien von Hunderten oder Hunderttausenden von Sonnen und kosmische Gaswolken eingezeichnet. Auch einige interessante Doppelsterne und Sterne mit periodischem Lichtwechsel (Veränderliche) sind aufgenommen.

Der Sternenhimmel rund ums Jahr

Der Sternenhimmel im Januar

Blickt man Anfang Januar gegen 22 Uhr nach Süden oder Südosten, so sieht man eine der schönsten Himmelsregionen, die ganze Pracht der Wintersternbilder. Die zentrale Figur des Januarhimmels ist der Orion. Man erkennt ihn leicht an seinen 3 Gürtelsternen, die genau in einer Linie stehen. Sein linker oberer Schulterstern Beteigeuze ist ein sogenannter Roter Riese, ein sterbender Fixstern, der sich im Todeskampf auf den 400fachen Durchmesser unserer Sonne aufgebläht hat und rund 3000mal heller als diese strahlt. Wegen ihrer großen Entfernung von 270 Lichtjahren erscheint uns Beteigeuze jedoch nur als heller, rötlicher Lichtpunkt am Nachthimmel. Noch weiter entfernt ist der rechte Fußstern des Orion, Rigel. Sein Licht benötigt rund 700 Jahre, um uns zu erreichen. Da seine Leuchtkraft die unserer Sonne um das 25 000fache übertrifft, ist er trotzdem einer der hellsten Sterne des Himmels. Unter günstigen Beobachtungsbedingungen erkennt man schon mit bloßem Auge den Orionnebel M 42. Aus seinen Gasmassen entstehen vor unseren Augen noch heute neue Sterne und Sonnensysteme, man blickt hier sozusagen in die Werkstatt der Schöpfung. Verlängert man die durch die 3 Gürtelsterne des Orion gegebene Linie nach links unten, so findet man leicht den hellsten Fixstern des Himmels, Sirius im Großen Hund. Obwohl er deutlich heller als Rigel und als Beteigeuze strahlt, ist seine Energieproduktion vergleichsweise gering. Seine Leuchtkraft übertrifft die unserer Sonne „nur" um das 23fache. Wegen seiner geringen Entfernung von 8,7 Lichtjahren erscheint uns Sirius jedoch heller als die Hauptsterne des Orions. Zu den typischen Wintersternbildern gehört auch der Kleine Hund mit seinem hellen Hauptstern Prokyon, der mit seiner Entfernung von 11,3 Lichtjahren, ähnlich wie Sirius, zu unseren nächsten Nachbarn im Weltall zählt. Genau im Süden findet man das Tierkreissternbild Stier. Sein V-förmiger Kopf mit dem roten Hauptstern Aldebaran ist leicht zu erkennen. Zum Stier gehören die Plejaden, auch Siebengestirn genannt, ein offener Sternhaufen mit rund 160 Mitgliedern. Offene Sternhaufen sind, wie in den letzten Kapiteln genauer erläutert wird, Systeme, die meist aus einigen hundert Fixsternen aufgebaut sind. Diese sind, etwa so wie wir es heute beim Orionnebel beobachten, gemeinsam aus einer großen Gaswolke entstanden, also sozusagen Geschwister. Zum Winterhimmel gehören auch das Tierkreissternbild Zwillinge und das Fünfeck des Fuhrmanns, dessen Hauptstern Kapella fast genau im Zenit, dem höchsten Punkt des Himmelsgewölbes, steht. Dort findet man auch den Perseus mit seinem eindrucksvollen Doppelsternhaufen h + χ, der besonders in Zenitnähe leicht mit dem bloßem Auge zu erkennen ist.

Über dem Westhorizont stehen die sogenannten Herbststernbilder. Das große Viereck des Pegasus geht gerade unter. Sein oberer Eckstern Sirrah gehört, streng genommen, zur Andromeda, in welcher der Andromedanebel M 31, eine etwa 2 Millionen Lichtjahre entfernte Nachbargalaxie mit rund 400 Milliarden Sternen, schon mit bloßem Auge als blasses Lichtfleckchen zu beobachten ist. Die Tierkreisbilder Fische und Widder fallen, besonders in der Lichterflut der Großstadt, wenig auf. Dasselbe gilt für den Walfisch, dessen Hauptstern Mira periodisch seine Helligkeit ändert. Im Helligkeitsmaximum gehört er zu den auffälligsten Sternen des Winterhimmels, im Minimum ist er mit bloßem Auge überhaupt nicht zu sehen. Hoch über dem Nordwesthorizont steht die Kassiopeia, das „Himmels-W", ein Zirkumpolarsternbild, das bei uns nie untergeht. Zu diesen Sternbildern gehört auch der Drache, den man genau im Norden findet, und der Große Wagen oder Große Bär, der im Nordosten steht. Um den Himmel über dem nördlichen Horizont zu simulieren, muß man, wie bereits erwähnt, die Sternkarte auf den Kopf stellen. Die beiden in dieser Stellung oberen Hauptsterne des Großen Wagens weisen dann zum Polarstern im Kleinen Wagen oder Kleinen Bären, der genau über dem Nordpunkt steht.

Im Osten schließlich ist das unscheinbare Tierkreissternbild Krebs aufgegangen, in dem die Krippe oder Praesepe, einer der schönsten Sternhaufen des gesamten Himmels, steht. Das Objekt ist auch unter der Bezeichnung M 44 bekannt. Der Buchstabe M steht dabei für C. Messier, einen französischen Astronomen, der einen noch heute benutzten Katalog von Sternhaufen und Nebeln erstellte. Schon mit bloßem Auge erkennt man M 44, dessen volle Schönheit jedoch nur dem Fernrohrbeobachter zugänglich ist. Über 600 Sterne bilden hier einen besonders prächtigen offenen Sternhaufen. Der Löwe mit seinem hellen Hauptstern Regulus, der gerade im Osten erschienen ist, kündigt den Frühlingshimmel an, der im Januar jedoch nur in der 2. Nachthälfte zu beobachten ist.

Sternkarte für den 1. 1. 22 Uhr (1. 10. 4h, 1. 11. 2h, 1. 12. 24h, 1. 1. 22h, 1. 2. 20h)

Himmelspanorama Januar

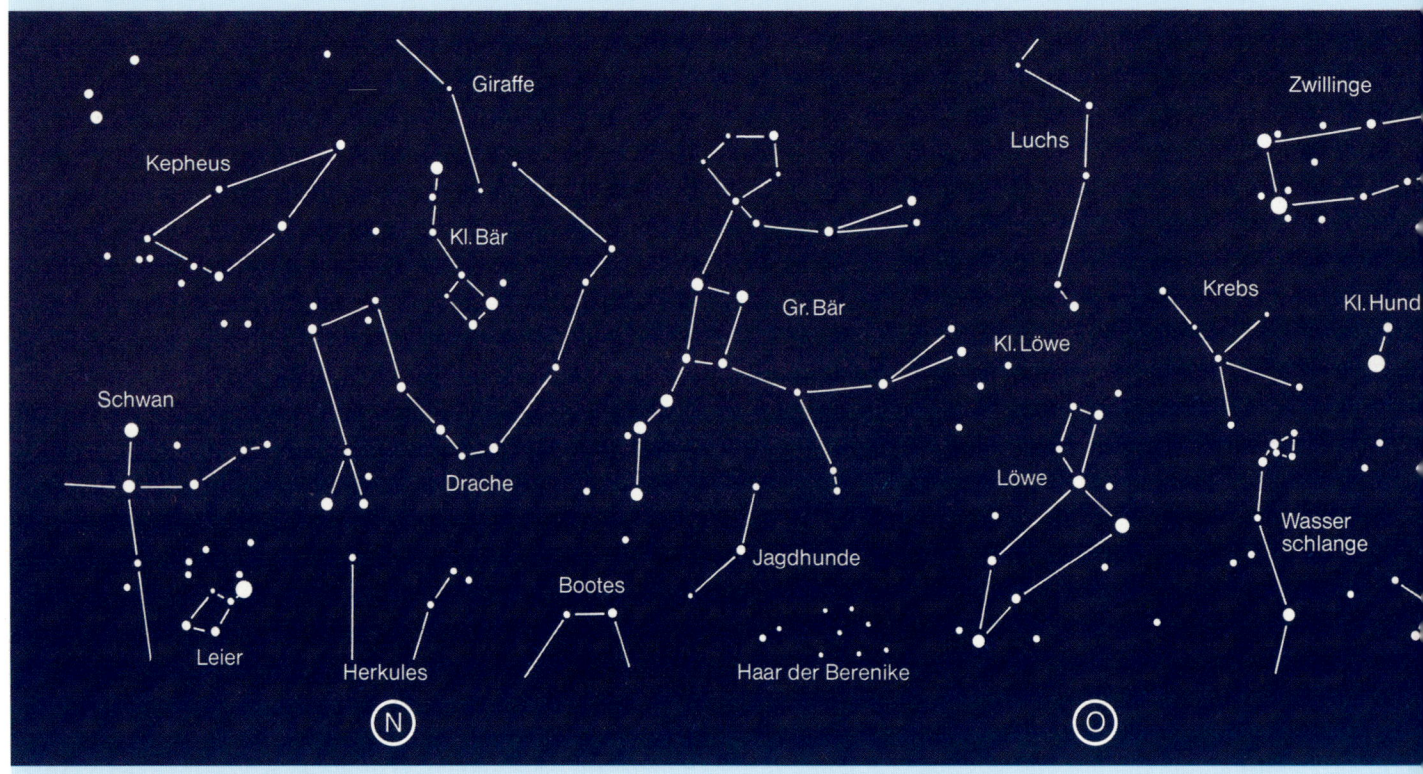

NORDEN UND OSTEN

Im Nordosten findet man in mittlerer Höhe den Großen Wagen, der eigentlich nur Bestandteil eines viel größeren Sternbildes, des Großen Bären, ist. Fast alle Sternbildnamen verdanken wir den alten Griechen, welche die über Jahrhunderte und Jahrtausende fast unveränderlichen Sternfiguren nach ihren Helden, Herrschern, Tieren und Sagengestalten benannten. Der Große Bär beispielsweise war eigentlich eine Bärin, in die eine von Zeus schwangere Nymphe verwandelt wurde. Sieht man in der Figur einen Wagen, so weisen uns die beiden in diesem Panorama oberen Wagensterne den Weg zum Polarstern, der immer genau über dem Nordpunkt steht. Er gehört zum Kleinen Wagen oder Kleinen Bären, der wie der Drache ein Zirkumpolarsternbild ist, also für den mitteleuropäischen Beobachter nie untergeht. Tief im Nordwesten findet man die helle Wega in der Leier, die zu den Sommersternbildern gehört und jetzt, im Januar, schlecht zu beobachten ist.

Im Osten geht um 22 Uhr gerade der Löwe auf, der wie der unscheinbare Krebs zu den Tierkreissternbildern gehört. Hoch über dem Osthorizont findet man die Zwillinge mit ihren hellen Hauptsternen Kastor und Pollux. Der Sage nach soll Kastor der sterbliche Sohn eines Königs, Pollux dagegen der unsterbliche Nachkomme des Zeus gewesen sein. Als Kastor im Kampf um eine Frau erschlagen wurde, bat Pollux seinen Vater Zeus, dem Zwillingsbruder in die Unterwelt folgen zu dürfen. Dies konnte der Gott nicht gestatten, da das unterirdische Totenreich den Sterblichen vorbehalten war. Schließlich erlaubte er den Brüdern, abwechselnd je einen Tag im Schattenreich der Toten und auf dem Olymp zu verbringen. Später sollen die Götter beide Zwillingsbrüder an den Himmel versetzt haben, wo sie nun als eines der 12 Tierkreissternbilder zu finden sind.

Einer der hellsten Sterne des Winterhimmels, Prokyon im Kleinen Hund, ist ebenfalls im Osten zu finden. Unter ihm befindet sich der Kopf der Wasserschlange.

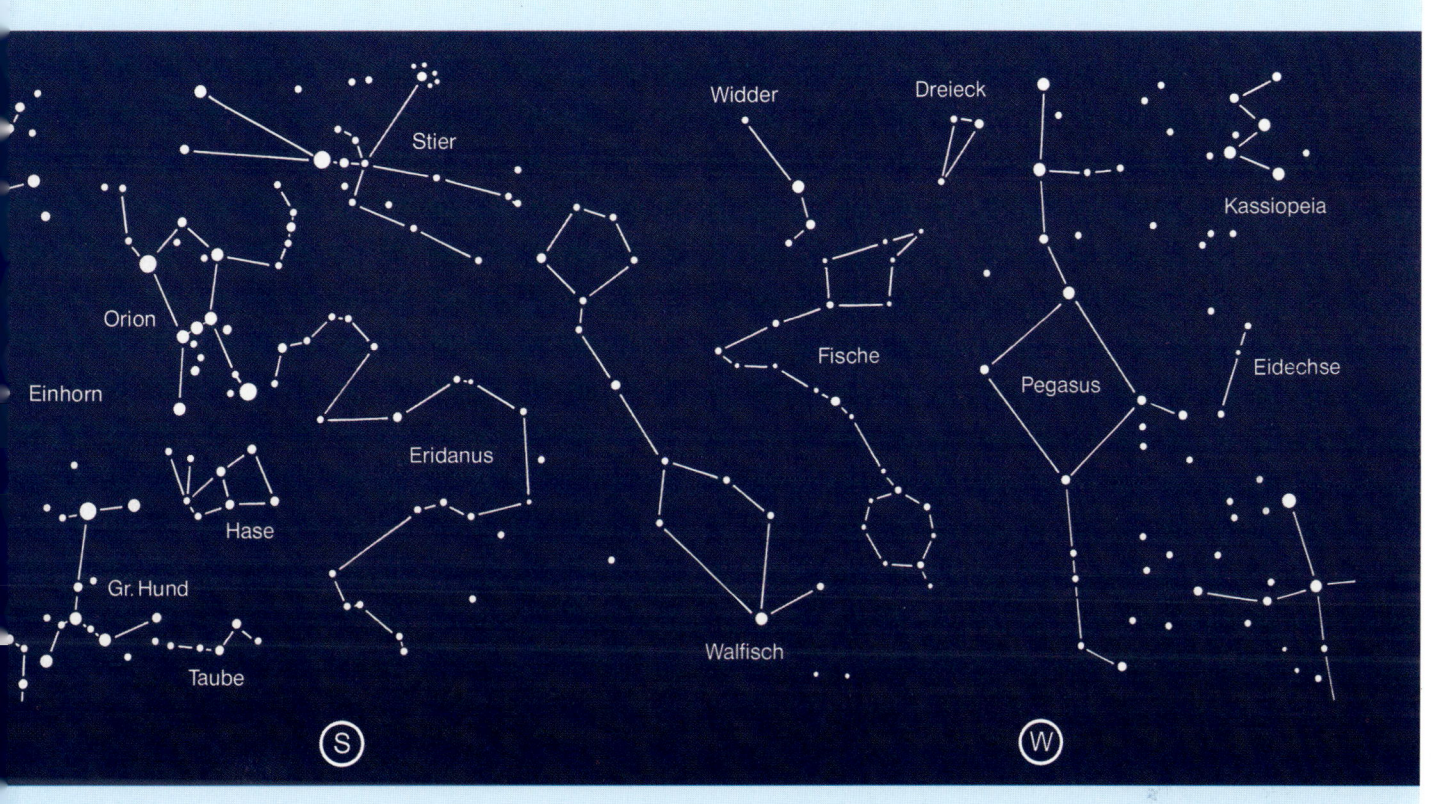

Himmelspanorama Januar 1. 1. 22 Uhr (1. 10. 4 h, 1. 11. 2 h, 1. 12. 24 h, 1. 2. 20 h)

SÜDEN UND WESTEN

Im Südosten und Süden finden wir eine eindrucksvolle Konzentration heller und hellster Sterne. Die dominierende Figur unter den Wintersternbildern, der Himmelsjäger Orion ist, zusammen mit den Begleitern des Jägers, dem Großen und Kleinen Hund, fast die ganze Nacht hindurch zu sehen. Der Sage nach soll Orion von der Göttin der Jagd, Artemis, getötet worden sein, als er sich mit ihr in der Jagdkunst messen wollte. Einer anderen Erzählung nach war Artemis oder Diana, wie sie mit ihrem lateinischen Namen heißt, die Geliebte des Jägers. Als sie Orion versehentlich getötet hatte, bat sie Zeus, ihn wieder lebendig zu machen, was jedoch nicht in seiner Macht stand. Er erlaubte der Jagdgöttin allerdings, den Jäger als Sternbild an den Himmel zu versetzen. Unter dem Orion findet man die bei uns immer sehr niedrig stehenden Sternbilder Hase und Taube, die oft mit der im alten Testament erwähnten Taube des Noah in Zusammenhang gebracht wird. Über dem Himmelsjäger steht der Stier mit seinem hellen Hauptstern Aldebaran. Der V-förmige Stierkopf, ein offener Sternhaufen, wird auch Hyaden genannt. Rechts vom Orion erkennt man das Sternbild Fluß Eridanus, das bei uns nur teilweise zu beobachten ist und sich unter dem Südhorizont fortsetzt. Bei vielen alten Völkern stellte dieses Sternbild einen Fluß dar, für die Babylonier den Euphrat, für die Ägypter den Nil. Die Griechen sahen in ihm den an ihrer nördlichen Grenze fließenden Eridanus. Der Südwesten ist arm an hellen Sternen. Diese Himmelsgegend wird ganz vom Walfisch beherrscht, der eigentlich das Meerungeheuer Cetus darstellt, das die Prinzessin Andromeda bedrohte. Es verdankt seinen Namen der Tochter des Meeresgottes Nereus, Keto, die mit ihrem Bruder mehrere Seeungeheuer gezeugt haben soll. Im Westen erkennt man die Tierkreissternbilder Widder und Fische. Das sogenannte Herbstviereck, der Pegasus, ist leicht zu finden, ebenso die Andromeda, neben der das Nördliche Dreieck steht. Hoch über dem Nordwesthorizont schließlich steht das „Himmels-W", die Kassiopeia.

Der Sternenhimmel im Februar

Anfang Februar kann man gegen 22 Uhr über dem südlichen Horizont eine der schönsten Himmelsgegenden beobachten. Der Jäger Orion mit seinen 3 in einer Linie stehenden Gürtelsternen hat gerade seine höchste Stellung überschritten. Ihm folgen seine Begleiter, der Große Hund mit Sirius, dem hellsten Fixstern des Himmels, und der Kleine Hund mit seinem Hauptstern Prokyon. Die Tierkreisbilder Stier und Zwillinge sind ebenfalls leicht zu finden. Eines der schönsten Feldstecherobjekte ist der offene Sternhaufen M 35 in den Zwillingen, bei dem 120 Sterne eine Familie bilden. Während M 35 1600 Lichtjahre entfernt ist, braucht das Licht nur 500 Jahre, um vom eindrucksvollsten aller Sternhaufen, den Plejaden im Stier, zu uns zu gelangen. Wegen seiner geringen Entfernung ist dieses System, das man auch Siebengestirn nennt, leicht mit dem bloßen Auge zu sehen. Allerdings sind es nicht 7, sondern nur 6 der 160 Plejadensterne, die man ohne optische Hilfsmittel erkennt. Der Fuhrmann mit der hellen Kapella steht wie im Vormonat in Zenitnähe, also fast senkrecht über uns. Die eben besprochene Himmelsregion mit ihren vielen hellen Sternen wird oft als Wintersechseck bezeichnet. Es besteht aus Sirius im Großen Hund, Rigel im Orion, Aldebaran im Stier, Kapella im Fuhrmann, Kastor und Pollux in den Zwillingen sowie Prokyon im Kleinen Hund. Die Milchstraße, die aus unzähligen fernen Sonnen besteht, welche man gar nicht alle einzeln erkennen kann, läuft durch dieses Sechseck hindurch. Da man in Richtung des Milchstraßenbandes besonders viele Sterne sieht, ist dort natürlich auch die Wahrscheinlichkeit größer, mehr helle Fixsterne als in anderen Himmelsgegenden zu finden. Die schönsten und eindrucksvollsten Sternbilder befinden sich fast immer in Milchstraßennähe.

Der Himmel über dem Westhorizont ist, verglichen mit der Sternenpracht im Süden, nicht sehr eindrucksvoll. Das lange Sternbild Eridanus besitzt in seinem nördlichen, uns zugänglichen Teil keine hellen Sterne. Ähnliches gilt für den Walfisch, es sei denn, der veränderliche Stern Mira erreicht sein Helligkeitsmaximum. Hoch über dem Westpunkt erkennt man den Perseus mit seinem Doppelsternhaufen h + χ, der jetzt in günstiger Beobachtungshöhe steht. Darunter findet man die Sternbilder Widder, Dreieck und Andromeda. Der Stern Alamak ist einer der schönsten Doppelsterne für das Kleinfernrohr des Amateurastronomen. Im Gegensatz zu unserem Sonnensystem kreisen hier 2 Fixsterne umeinander. Links und rechts der Andromeda erkennt man 2 Nachbargalaxien, also ferne Milchstraßensysteme, die wie unsere Milchstraße aus vielen Milliarden Sonnen und vielleicht Billionen von Planeten bestehen. Während M 31, der berühmte Andromedanebel, schon mit bloßem Auge zu sehen ist, benötigt man für M 33 im Dreieck einen Feldstecher. Das Wort „Nebel" für Galaxien ist historisch zu verstehen: früher glaubte man, es handele sich bei diesen Objekten um Gasnebel.

Über dem Nordhorizont findet man die beiden bekanntesten Zirkumpolarsternbilder Kassiopeia und den Großen Wagen in mittlerer Höhe. Sie flankieren links und rechts den Polarstern im Kleinen Wagen. Dieser wird vom Drachen umschlungen, der ebenfalls zirkumpolar ist, also in unseren Breiten nie untergeht. Schon mit bloßem Auge erkennt man, daß der mittlere Deichselstern des Großen Wagens doppelt ist. Links neben dem hellen Hauptstern Mizar steht das „Reiterlein" Alkor. Wenden wir uns nach Osten, also in die Richtung, in der die Sterne und morgens die Sonne aufgehen, so finden wir das wichtigste Frühlingssternbild, den Löwen, der jetzt schon hoch über dem Horizont steht. Sein heller Hauptstern Regulus ist etwa 80 Lichtjahre entfernt und strahlt 100mal heller als unsere Sonne. Der Schwanzstern Denebola ist mit 40 Lichtjahren nur halb so weit entfernt und übertrifft die Leuchtkraft unseres Zentralgestirns um das 16fache. Der Löwe gehört wie der unscheinbare Krebs zu den Tierkreissternbildern, durch die im Laufe des Jahres die Sonne hindurchläuft. Sein Hauptstern Regulus liegt fast genau auf der Ekliptik, der scheinbaren Sonnenbahn, und wird daher oft vom Mond bedeckt, der sich nie weit von der Ekliptik entfernt. Das Gebiet über dem südöstlichen Horizont links von der Milchstraße ist verhältnismäßig sternarm. Die Sternbilder Wasserschlange und Sextant sorgen kaum für Abwechslung und fallen insbesondere in Großstadtnähe nicht auf. Ähnliches gilt für die in großer Höhe stehenden Sternbilder Luchs und Krebs. In letzterem ist allerdings der herrliche Sternhaufen Praesepe oder Krippe zu finden, der, günstige Beobachtungsbedingungen vorausgesetzt, gerade wegen seiner sternarmen Umgebung besonders auffällt.

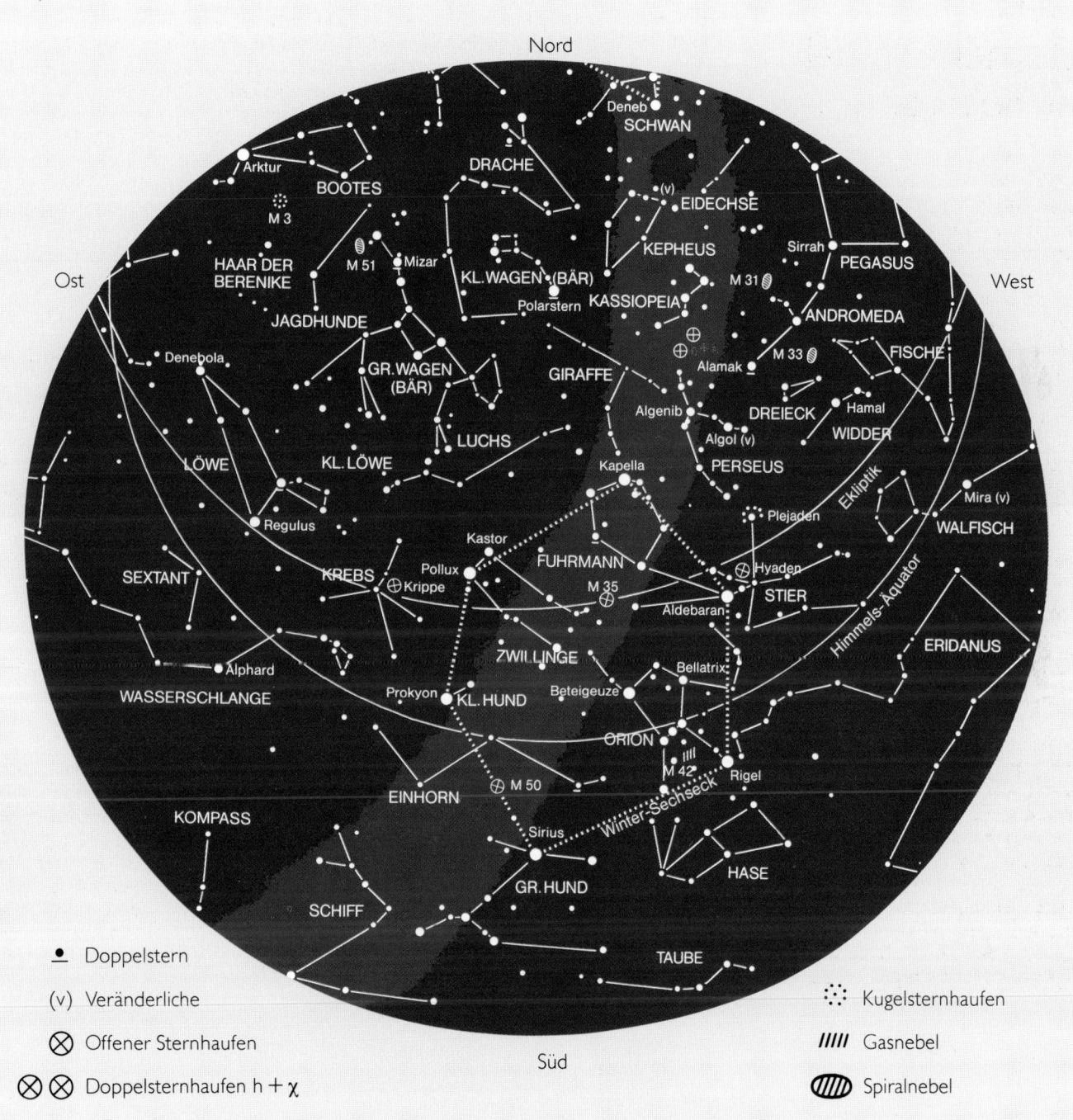

Sternkarte für den 1. 2. 22 Uhr (1. 10. 6h, 1. 11. 4h, 1. 12. 2h, 1. 1. 24h, 1. 2. 22h, 1. 3. 20 h)

Himmelspanorama Februar

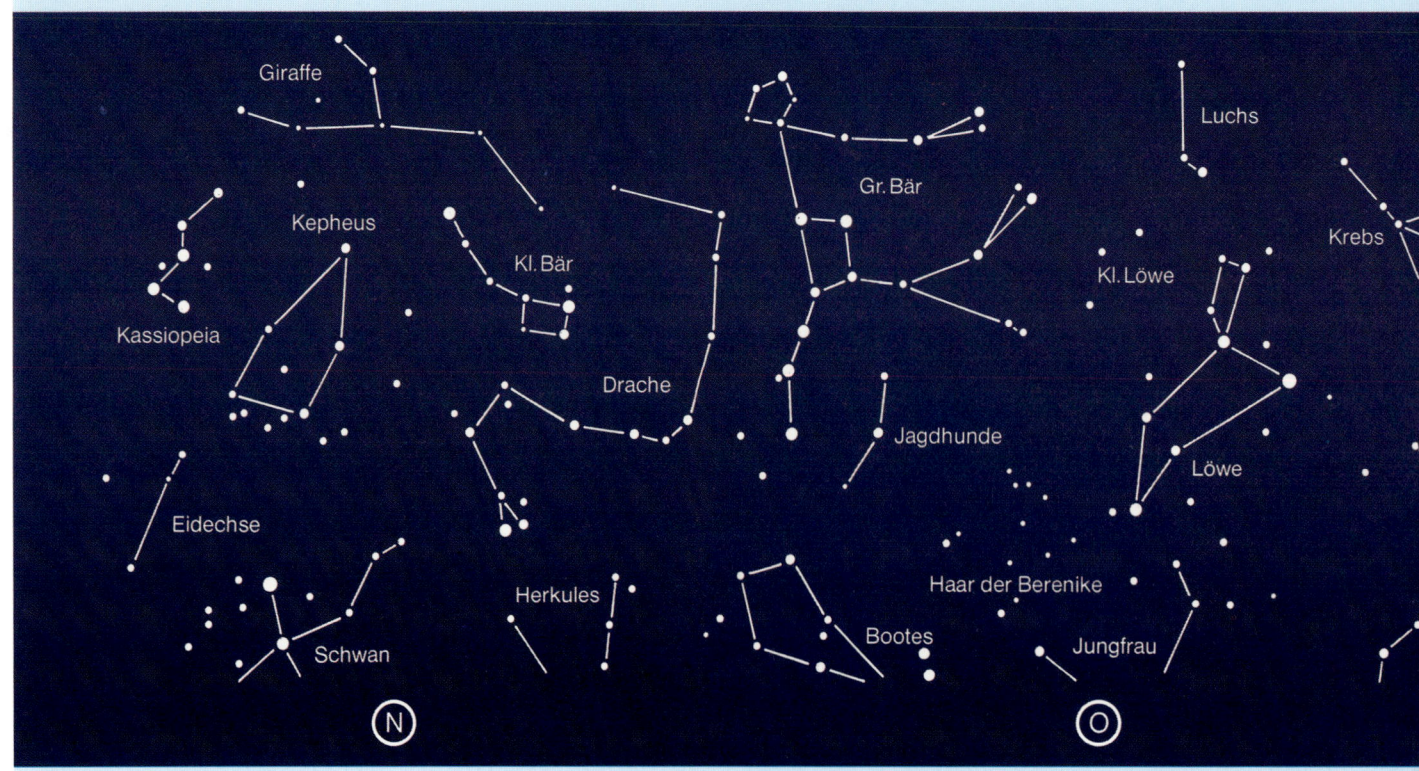

NORDEN UND OSTEN

Genau über dem Nordpunkt steht der Polarstern im Kleinen Wagen oder Kleinen Bären. Er ist der Dreh- und Angelpunkt der täglichen Himmelsbewegung, um ihn scheinen die Sterne zu kreisen. Unsere Vorfahren, die alten Germanen, glaubten, ihre Götter hätten an dieser Stelle einen silbernen Nagel in das Himmelsgewölbe geschlagen, um den sich von diesem Zeitpunkt an die Sterne drehen mußten. Ganz streng genommen steht der Himmelsnordpol, zu dem die Erdachse zeigt, etwas neben dem Polarstern, eine Abweichung, die für den hier angestrebten Genauigkeitsgrad jedoch unbedeutend ist. Der Kleine Wagen wird im Februar von den beiden eindrucksvollen Zirkumpolarsternbildern Großer Wagen oder Großer Bär und Kassiopeia flankiert, die rechts und links vom Polarstern in gleicher Höhe zu finden sind. Noch näher beim Himmelspol steht der Drache, von dem die alten Griechen glaubten, die Göttin Athene habe ihn in den Himmel geschleudert. Der Drache soll dabei mit der Weltachse zusammengeprallt sein und sich um den Polarstern gewickelt haben, um den er sich noch heute dreht. Ganz ähnliche Sagen erzählten sich übrigens auch unsere germanischen Vorfahren. Auch in ihrer Vorstellungswelt wickelte sich ein Untier um die Weltachse, auch sie hatten erkannt, daß sich alles um den Polarstern dreht. Im Osten ist der Löwe, eines der schönsten Frühlingssternbilder, aufgegangen. Er gehört zu den Tierkreisbildern, durch die im Laufe des Jahres die Sonne hindurchwandert. Sie erreicht den Löwen in der wärmsten Jahreszeit, und früher erklärten sich die Menschen die Hitze des Sommers so, daß sie annahmen, die Sterne des stärksten Tieres, also des Löwen, würden dann die Sonne unterstützen. Die Sternbilder Kleiner Löwe und Luchs haben im Gegensatz zum Löwen nur lichtschwache Sterne und keinerlei Ähnlichkeit mit den Tieren, die ihnen den Namen gaben. Man darf jedoch nicht vergessen, daß es früher, als die Menschen die Sternbilder benannten, weder Straßenlampen noch Umweltprobleme gab, so daß auch die unscheinbaren Sternfiguren in mondlosen Nächten gut zu sehen waren und die Phantasie der Menschen anregten.

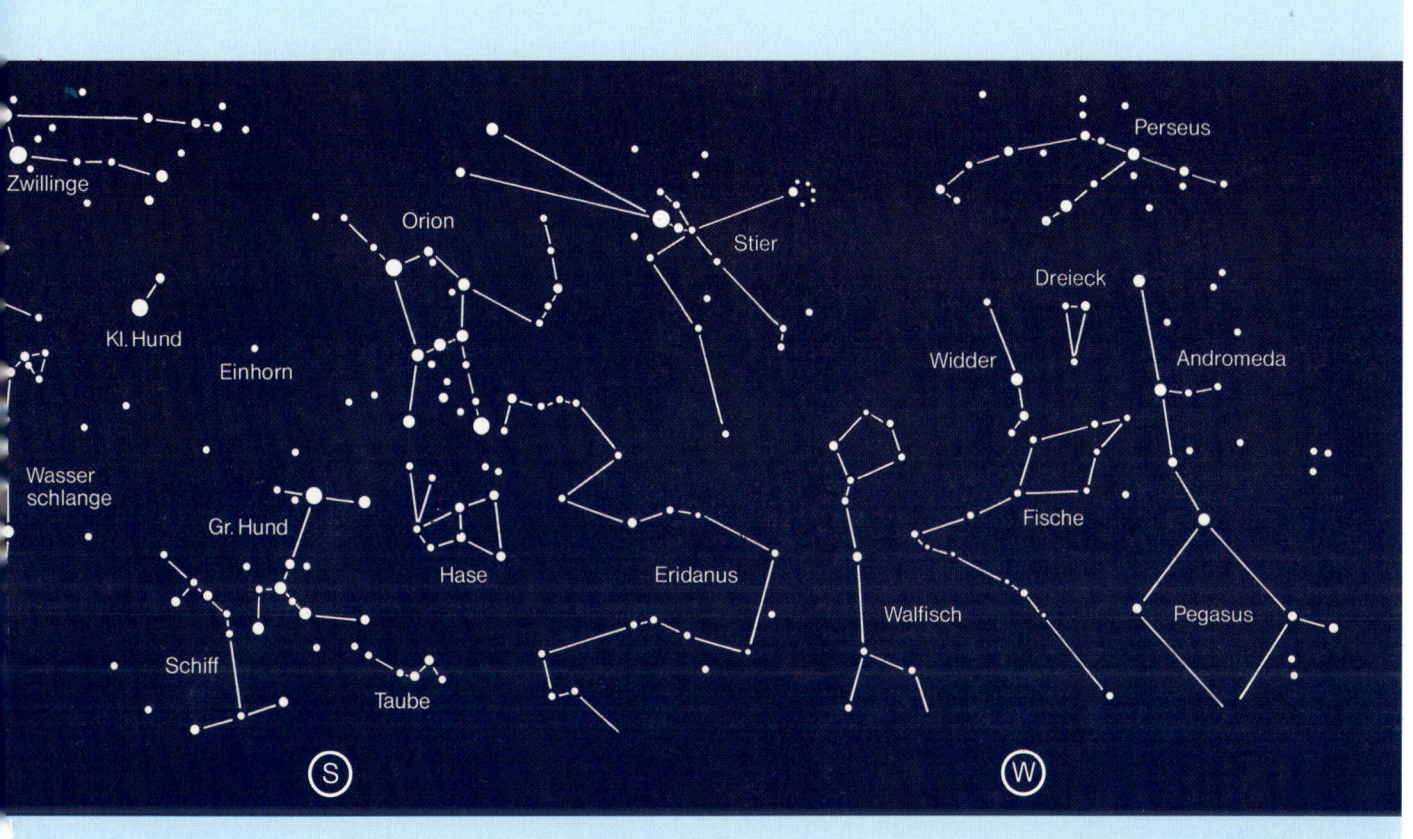

Himmelspanorama Februar 1. 2. 22 Uhr (1. 10. 6 h, 1. 11. 4 h, 1. 12. 2 h, 1. 1. 24 h, 1. 3. 20 h)

SÜDEN UND WESTEN

Im Süden erstrahlt jetzt, Anfang Februar um 22 Uhr, die ganze Pracht des Winterhimmels. Der Himmelsjäger Orion mit seinen beiden Hunden ist dort ebenso zu finden wie die Tierkreissternbilder Zwillinge und Stier. Unzählige Sagen ranken sich um das V-förmige Sternbild des Stieres, dessen roter Hauptstern Aldebaran ebenso auffällt wie das Siebengestirn, die Plejaden. Bei den alten Griechen erzählte man sich beispielsweise, der Göttervater Zeus hätte sich in einen Stier verwandelt und auf seinem Rücken die Königstochter Europa nach Kreta entführt. Dort soll sie ihm 2 Söhne geboren haben. Einer von ihnen, Minos, wurde König der Insel und gab der minoischen Kultur ihren Namen, deren Reste bis auf den heutigen Tag von Touristen bestaunt werden. Zeus soll später dem Minos einen herrlichen Stier geschenkt haben, der allerdings sofort wieder den Göttern geopfert werden mußte. Minos unterließ das und opferte statt dessen ein minderwertiges Tier. Hierfür wurde er schwer bestraft: Pasiphae, seine Gattin, verliebte sich in den Stier, und er zeugte mit ihr den Minotaurus, ein stierköpfiges, menschenfressendes Ungeheuer.

Zum Stier gehört, wie schon erwähnt, auch das Siebengestirn, die Plejaden, bei dem man allerdings mit bloßem Auge nur 6 Sterne erkennen kann. Bei den alten Griechen waren die 7 Plejaden die Töchter des Atlas. Eine davon, Elektra, deren Sohn Troja gegründet hatte, soll ihre Schwestern später aus Trauer über die Zerstörung dieser Stadt verlassen haben, so daß man jetzt nur noch 6 Plejadensterne finden kann. Im Westen verabschieden sich nun endgültig die Herbststernbilder. Während der Pegasus schon im Horizontdunst verschwindet, kann man die Andromeda sowie die Sternbilder Perseus, Widder und Dreieck noch deutlich erkennen. Auch einige Sterne der Fische stehen noch über dem Horizont.

17

Der Sternenhimmel im März

Während Anfang März in den frühen Abendstunden noch die Wintersternbilder dominieren, findet gegen 22 Uhr, also zu der Zeit, für die die Sternkarte gilt, eine große Wachablösung am Himmel statt: die Wintersterne werden nach und nach durch die Frühlingssternbilder ersetzt. Im Süden und Südosten erkennt man die Tierkreisbilder Krebs und Löwe, darunter große Teile der Wasserschlange sowie den Sextanten und den Becher. Im Osten ist gerade die Jungfrau aufgegangen, deren heller Hauptstern Spika knapp über dem Horizont steht. Fast genau über dem Ostpunkt findet man den Bootes, ein Sternbild, das auch unter dem Namen Ochsentreiber oder Bärenhüter bekannt ist. Sein 35 Lichtjahre entfernter Hauptstern Arktur oder Arcturus ist, ähnlich wie Beteigeuze, ein Roter Riese, ein sterbender Stern, der sich am Ende seines langen Fixsternlebens gewaltig aufgebläht hat. Er leuchtet 100mal heller als unsere Sonne, die gegenüber Arktur nur ein Zwerg ist. Rund 25 Sonnenkugeln müßte man nebeneinanderlegen, um den Durchmesser des Arcturus zu erhalten. Der rötliche Hauptstern des Bootes ist jedoch noch in anderer Hinsicht interessant: er zeigt uns, daß die Sternbilder gar nicht so unveränderlich sind, wie man bei nur flüchtiger Beobachtung annehmen könnte. Arcturus bewegt sich gegenüber dem Himmelshintergrund in 760 Jahren immerhin um einen scheinbaren Vollmonddurchmesser weiter, nach nur einem Jahrtausend würde man bereits eine deutliche Verformung des Bootes bemerken, nach 50 000 Jahren würde Arktur zu einem anderen Sternbild gehören. Allerdings hätten sich nach dieser langen Zeitspanne auch alle anderen Fixsterne so weiter bewegt, daß man große Mühe hätte, unsere vertrauten Sternbilder wiederzufinden. Unter dem Bootes steht einer der schönsten Frühlingsboten, die Krone. Eigentlich heißt sie Nördliche Krone, da es, für uns immer unbeobachtbar, ein südliches Gegenstück, eben die Südliche Krone gibt. Ihr Hauptstern heißt Gemma, was Edelstein bedeutet, und ist rund 70 Lichtjahre entfernt. Im Norden erkennt man wie in jedem Monat die immer präsenten Zirkumpolarsternbilder, die für uns nie untergehen. Je höher der Große Wagen, der eigentlich nur Bestandteil des Großen Bären ist, im ewigen Kreislauf um den Polarstern emporsteigt, um so niedriger sinkt die Kassiopeia herunter. Den Polarstern im Kleinen Wagen oder Kleinen Bären findet man leicht, wenn man die beiden oberen Sterne des Großen Wagens aufsucht und die durch sie gegebene gerade Linie nach links unten verlängert. Genau unter dem Polarstern oder Nordstern liegt der Nordpunkt. Es gibt nun noch eine weitere Möglichkeit, den Polarstern zu finden, und zwar mit Hilfe des „Himmels-W", der Kassiopeia. Der Buchstabe W wird durch die 5 Hauptsterne der Kassiopeia markiert. Die 3 mittleren von ihnen bilden ein kleines Dreieck, und dieses weist wie eine Pfeilspitze ziemlich genau auf den Nordstern, der leicht zu finden ist, da es in seiner Umgebung wenig helle Gestirne gibt, die man mit ihm verwechseln könnte. Wie in jedem Monat sind über dem Nordhorizont auch die Zirkumpolarsternbilder Drache, Kepheus und Giraffe zu finden. Der interessanteste Himmelsanblick bietet sich jedoch, wenn man Anfang März um 22 Uhr nach Südwesten oder Westen blickt. Das gesamte Wintersechseck mit Sirius im Großen Hund, Rigel im Orion, Aldebaran im Stier, Kapella im Fuhrmann, den Zwillingssternen Kastor und Pollux und Prokyon im Kleinen Hund ist in dieser Richtung zu finden. Mitten durch diese prächtigen Wintersternbilder läuft das Band der Milchstraße hindurch, das zur Zeit wie eine silberne Brücke den Nordpunkt mit dem Südpunkt verbindet. Im Nordwesten gehen gerade der Widder und das Dreieck unter, ebenso die Andromeda. Über diesen Sternbildern steht, noch gut beobachtbar, der Perseus mit seinem veränderlichen Fußstern Algol und dem prächtigen Doppelsternhaufen h + χ, den man übrigens besonders leicht finden kann, wenn man die durch den 2. und 3. Stern des „Himmels-W" gegebene Linie nach links oben verlängert.

Ende des Monats, nach Frühlingsanfang, werden die Nächte schnell kürzer, und die Einführung der Sommerzeit sorgt dann alljährlich aufs neue für weltweite Konfusion. Zu sämtlichen Zeitangaben in astronomischen Jahrbüchern und Sternkalendern muß dann eine Stunde hinzugefügt werden.

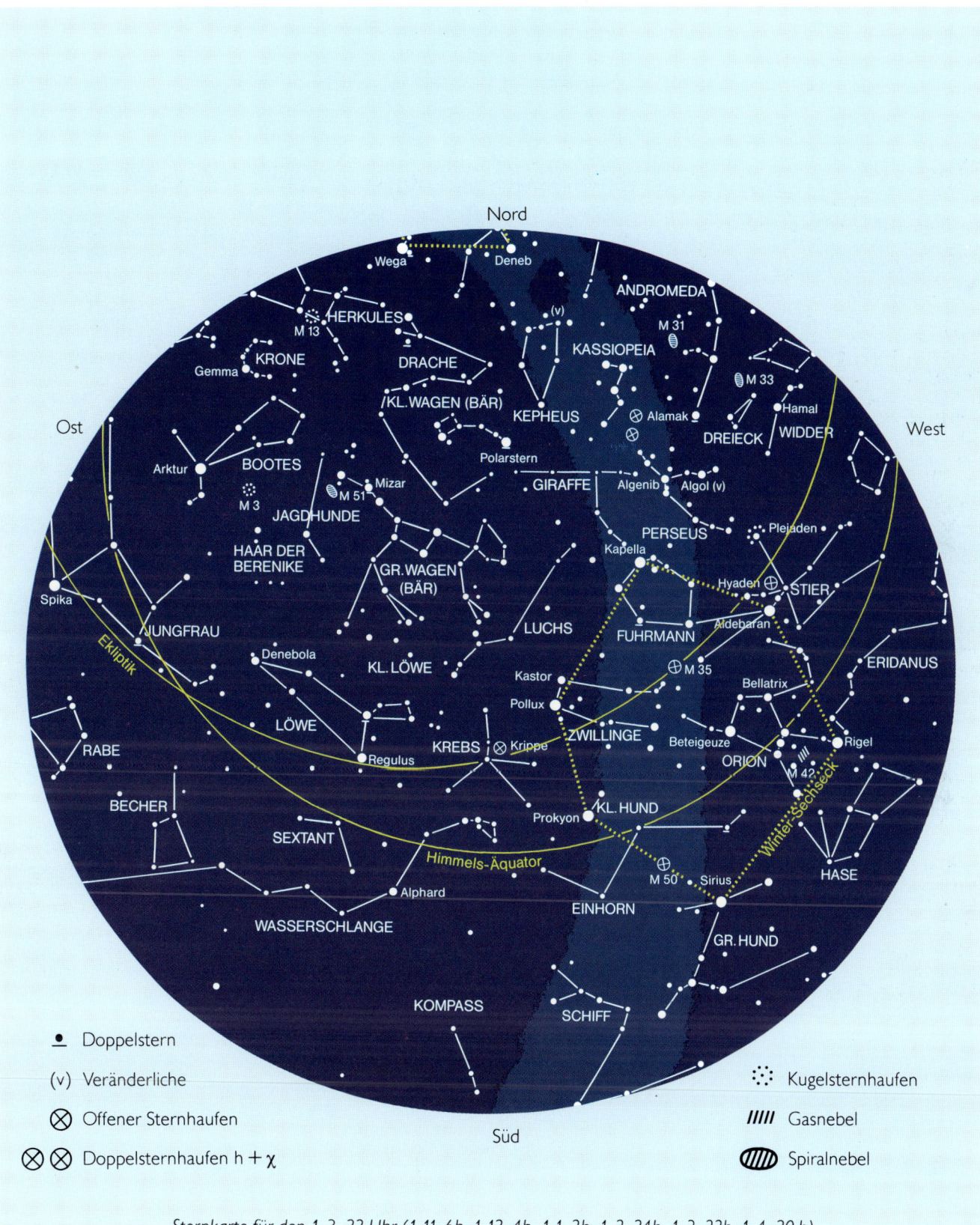

Sternkarte für den 1. 3. 22 Uhr (1. 11. 6h, 1. 12. 4h, 1. 1. 2h, 1. 2. 24h, 1. 3. 22h, 1. 4. 20 h)

Himmelspanorama März

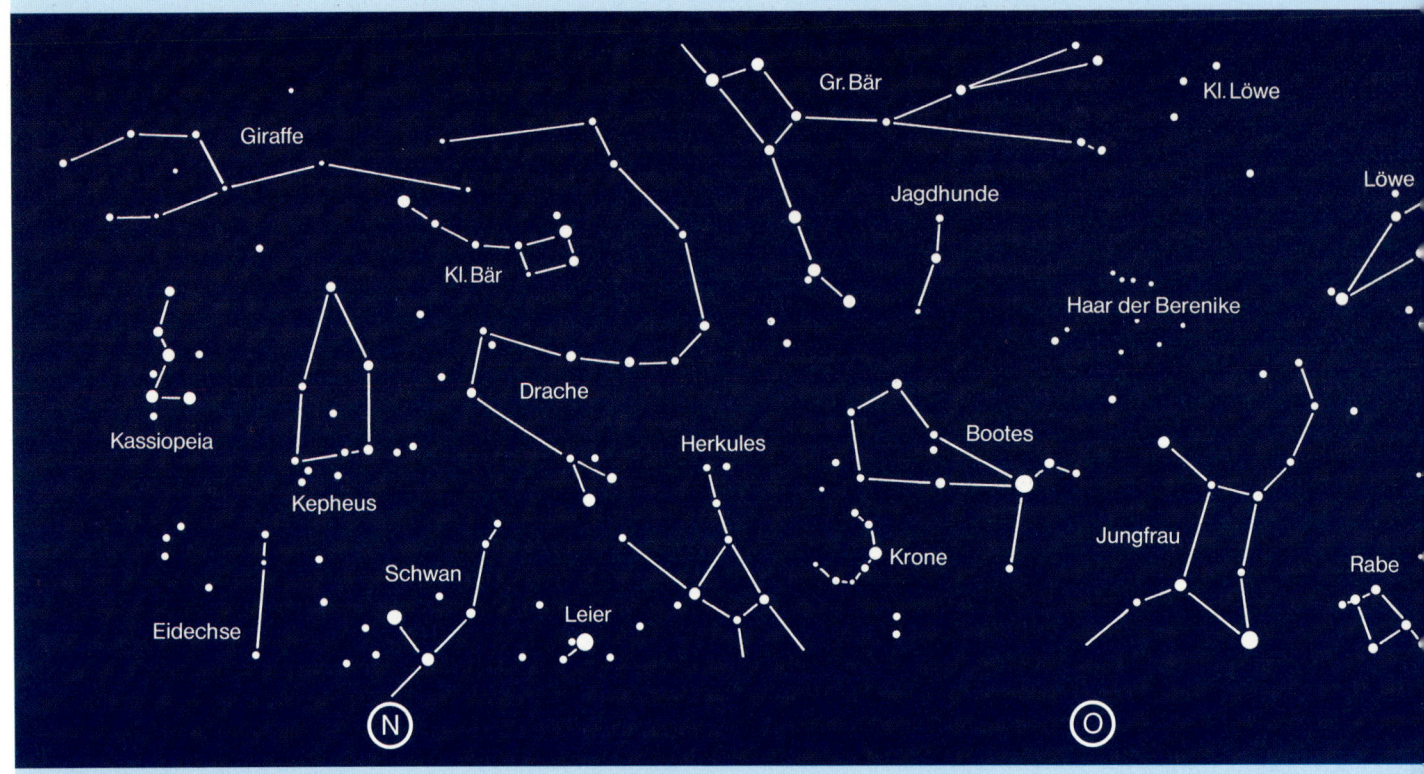

NORDEN UND OSTEN

Während im Laufe des Jahres im Süden immer neue Sternbilder auftauchen, wird die Szene über dem nördlichen Horizont rund ums Jahr immer von den gleichen Sternen beherrscht. Genau über dem Nordpunkt steht der Polarstern im Kleinen Wagen oder Kleinen Bären, um den die Zirkumpolarsternbilder kreisen, die in unseren Breiten nie untergehen. Zu ihnen gehört die Kassiopeia, das „Himmels-W", vor 100 Jahren in Deutschland auch unter dem Namen „Kaiser-Wilhelm-Sternbild" bekannt. Kassiopeia und Kepheus waren ein Königspaar, das vor vielen Jahrtausenden in Äthiopien gelebt haben soll. Der Drache umschlingt, wie in jedem Monat, den Kleinen Bären, während der Große Bär in den Abendstunden nun immer höher steht. Diesem folgt im Nordosten der Bärenhüter oder Bootes. Der Sage nach durfte der Bär, der eigentlich eine Bärin war, nie im Ozean baden. In dieser Geschichte steckt die Naturbeobachtung, daß das Sternbild Großer Bär nie untergeht, also auch nicht in den Fluten des Meeres versinken kann. Der Bärenhüter hatte darüber zu wachen, daß dieses Badeverbot auch eingehalten wurde. Da das Sternbild des Großen Wagens im Altertum oft „7 Ochsen" genannt wurde, bezeichnet man den Bootes gelegentlich auch als Ochsentreiber. Eine andere Sage sieht im Bootes einen Landmann, der den Pflug erfunden haben soll. Unter dem Bootes, noch sehr horizontnah, findet man die Nördliche Krone. Auch um dieses hübsche Sternbild ranken sich viele Sagen: Nachdem der Held Theseus den Minotaurus besiegt hatte, floh er mit der Königstochter Ariadne von Kreta nach Naxos. Dort mußte der Held die schöne Prinzessin dem Gott Dionysos überlassen. Zu ihrer Hochzeit soll die Liebesgöttin Aphrodite erschienen sein, die als Geschenk eine Krone mitbrachte, und diese soll noch heute als Sternbild am Himmel stehen.

Im Osten ist gerade die Jungfrau aufgegangen, die wie der Löwe zu den Tierkreissternbildern gehört.

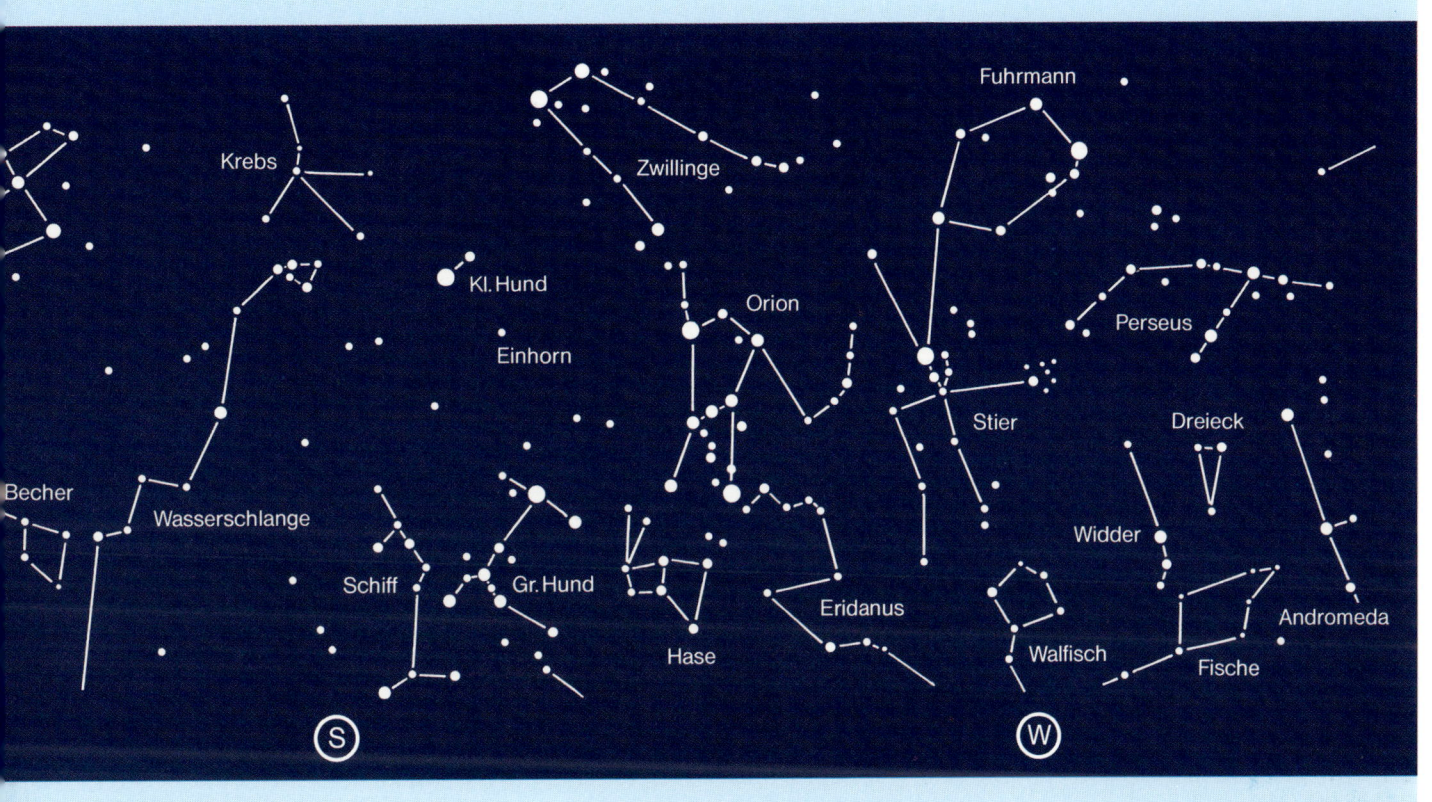

Himmelspanorama März 1. 3. 22 Uhr (1. 11. 6 h, 1. 12. 4 h, 1. 1. 2 h, 1. 2. 24 h, 1. 4. 20 h)

SÜDEN UND WESTEN

Im Südosten findet man Anfang März um 22 Uhr kaum helle Sterne. Weder Rabe und Becher noch Krebs und Wasserschlange sind sehr auffällige Sternbilder. Die Wasserschlange erinnert an die 12 Heldentaten des Herkules oder Herakles. Die Göttin Hera soll das vielköpfige Ungeheuer großgezogen haben, damit es Herkules, einen unehelichen Sohn ihres Gatten Zeus und der schönen Alkmene, vernichten sollte. Als Herkules den Kampf mit der Schlange aufnahm, mußte er feststellen, daß dem Untier für jeden abgeschlagenen Kopf zwei neue nachwuchsen. Schließlich brannte er die Wunden mit glühenden Holzstämmen aus, so daß keine neuen Schlangenköpfe mehr entstehen konnten. In das Gift der getöteten Hydra, wie man die Wasserschlange auch nennt, soll Herkules seine Pfeile getaucht haben, die dann jedem Gegner unheilbare Wunden rissen.

Im Südwesten und Westen findet man nun die ganze herrliche Pracht der scheidenden Wintersternbilder Großer Hund, Orion, Stier, Fuhrmann, Zwillinge und Kleiner Hund. Ihre Hauptsterne bilden das sogenannte Wintersechseck. Auch der Hase und einige Sterne des Schiffs sind zu beobachten. Das Schiff Argo ist eines der größten und prächtigsten Sternbilder des Himmels. Leider ist es von unseren Breiten aus nicht ganz zu beobachten. Genau über dem Westpunkt findet man die Plejaden, das zum Stier gehörende Siebengestirn. Daneben steht in mittlerer Höhe der Perseus. Widder und Dreieck gehen gerade unter, ebenso die letzten Sterne der Fische, in denen die Sonne zu Frühlingsanfang, am 21. 3., steht. An diesem Tag erreicht sie die Tagundnachtgleiche, und von jetzt an werden die Nächte sehr schnell kürzer. Die Ekliptik, die durch Widder, Stier und Zwillinge läuft, steht nun ziemlich steil, so daß man die links von der Sonne stehenden Mitglieder des Sonnensystems, etwa Merkur und Venus oder den zunehmenden Mond, besonders gut beobachten kann.

Der Sternenhimmel im April

Im April werden die Tage rasch länger, Ende des Monats ist es nur noch 8 Stunden lang richtig dunkel. In den meisten Ländern gilt nun wieder die Sommerzeit, Sternbeobachtungen sind Anfang April erst ab 21 Uhr, Ende des Monats ab 22 Uhr sinnvoll. Um 23 Uhr Sommerzeit oder 22 Uhr MEZ ist es auf jeden Fall dunkel genug, um, günstige Bedingungen vorausgesetzt, auch die schwächsten mit bloßem Auge sichtbaren Sterne auffinden zu können. Genau im Süden steht dann die dominierende Figur des Frühlingshimmels, der Löwe mit seinem hellen Hauptstern Regulus. Darüber findet man den Kleinen Löwen und noch höher, fast genau im Zenit, den Großen Wagen oder Großen Bären. Knapp über dem südlichen Horizont kann man, zumindest außerhalb der Großstadt, die etwas subtileren Sternbilder Wasserschlange oder Hydra, Sextant, Becher und Rabe erkennen. Viel abwechslungsreicher ist der Himmel im Westen, wo sich nun die gesamte Sternenpracht des scheidenden Winterhimmels zusammenballt. Im Südwesten geht gerade der Große Hund unter, dessen heller Hauptstern Sirius auch im Horizontdunst noch gut zu erkennen sein dürfte. Die Sternbilder Krebs, Zwillinge und Kleiner Hund stehen noch hoch über dem Horizont. Auch der Himmelsjäger Orion mit seinen 3 markanten Gürtelsternen ist noch gut zu erkennen. Neben ihm geht, etwas rechts vom Westpunkt, der Stier unter, der zu den Tierkreissternbildern gehört, durch die im Laufe der Zeit Sonne, Mond und Planeten hindurchwandern. Am 13. 5. beispielsweise wird die Sonne den Stier erreichen, in dem sie sich dann etwa einen Monat lang, nämlich bis zum 21. 6., aufhält. Das Sternbild ist dann nicht am Nachthimmel zu beobachten, da es mit der Sonne zusammen am Tageshimmel steht und von dieser überstrahlt wird. Hoch über dem Westpunkt erkennt man das Fünfeck des Fuhrmanns mit der hellen Kapella. Die Milchstraße läuft genau durch dieses Sternbild hindurch und erreicht im Nordwesten den Perseus, über dem man die schwachen Sterne der Giraffe findet.

Über dem Nordhorizont erkennt man die Sternbilder Kassiopeia und Kepheus. Das „Himmels-W", wie man die Kassiopeia auch nennt, erreicht bald seinen niedrigsten Stand im Norden, untergehen kann es ja bei uns nicht. Der Kepheus steht genau unter dem Polarstern im Kleinen Wagen oder Kleinen Bären. Der Große Wagen oder Große Bär dagegen hat fast den Zenit, den höchsten Punkt des Himmels, erreicht. Um den Himmel über dem Nordhorizont zu simulieren, muß man die Sternkarte so drehen, daß das Wort „Nord" unten steht, also das Buch auf den Kopf stellen. Die beiden in dieser Position linken Wagensterne weisen dann senkrecht nach unten. Verlängert man die durch sie gegebene Gerade in diese Richtung, so findet man den schon erwähnten Polarstern oder Nordstern, der immer genau über dem Nordpunkt steht. Zwischen dem Kleinen und dem Großen Bären erkennt man einige Sterne des Drachens, dessen Kopf in diesem Monat genau zum Ostpunkt weist. Einige Sterne der Leier und des Schwans kündigen zaghaft den Sommerhimmel an, der im April der 2. Nachthälfte vorbehalten bleibt.

Über dem Osthorizont ist der Herkules erschienen, auch einige Sterne der Schlange sind zu erkennen. Hoch über dem Ostpunkt stehen die Sternbilder Krone und Bootes. Diese Figur, die man auch Ochsentreiber oder Bärenhüter nennt, liegt im April um 23 Uhr genau waagerecht. Im Südosten schließlich erkennt man die Jungfrau. Ihr Hauptstern Spika ist 220 Lichtjahre von uns entfernt, seine Leuchtkraft übertrifft die unserer Sonne um das Tausendfache. Man hat herausgefunden, daß Spika in Wirklichkeit gar kein Einzelstern ist, sondern aus 2 Sonnen besteht, die sich in der unglaublich kurzen Zeit von nur 4 Erdentagen umkreisen. Natürlich ist davon auch im größten Fernrohr nichts zu sehen, die beiden Sterne stehen viel zu nahe beieinander. Über der Jungfrau findet man eines der schönsten Frühlingssternbilder, das Haar der Berenike, auch Coma genannt. Es enthält zwar keine sehr hellen Sterne, wirkt jedoch, besonders im Fernglas, wie ein Schmuckkästchen mit hundert Edelsteinen. Man nimmt an, daß die meisten Sterne dieses Sternbildes zusammengehören, also einen Sternhaufen bilden.

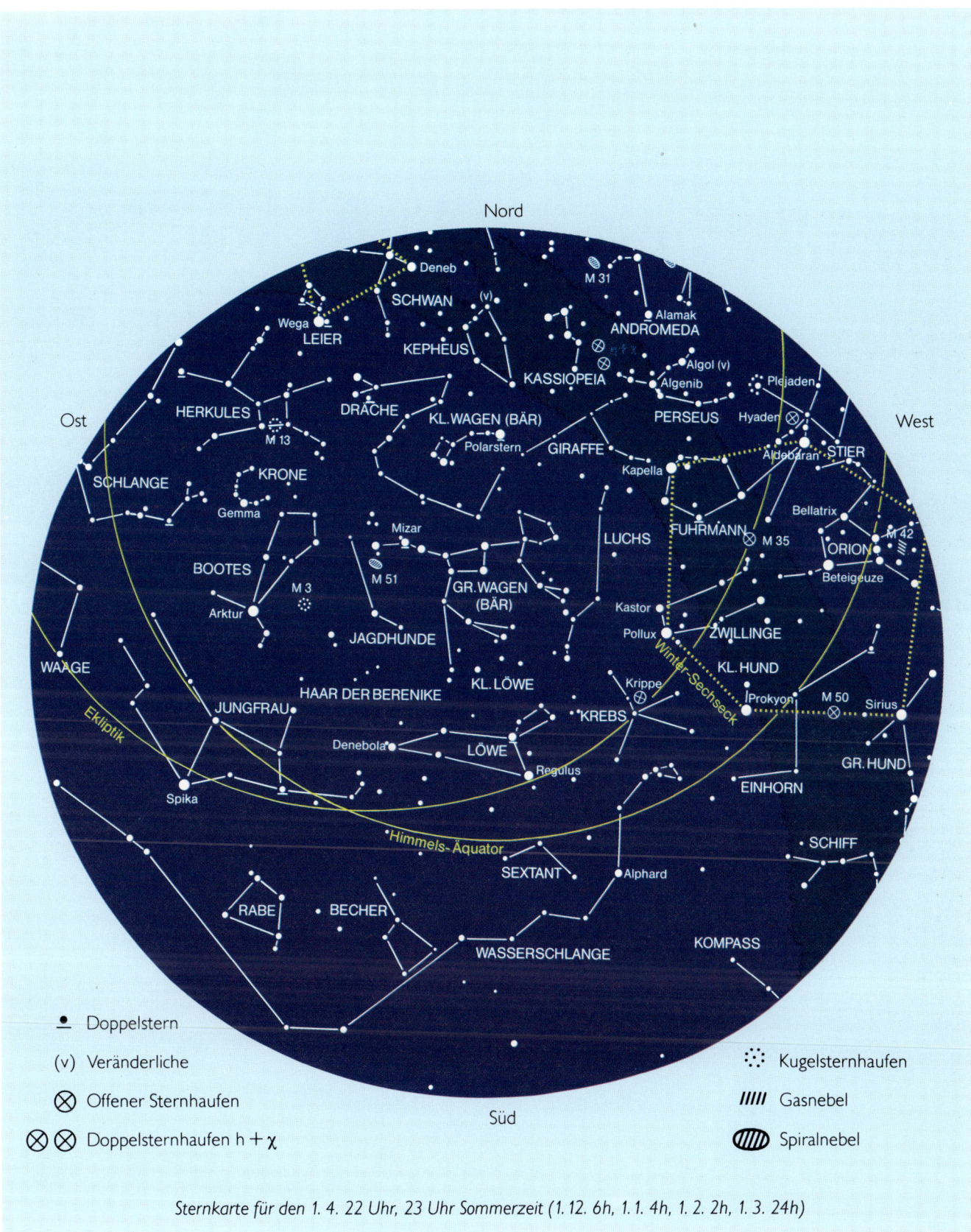

Sternkarte für den 1. 4. 22 Uhr, 23 Uhr Sommerzeit (1. 12. 6h, 1. 1. 4h, 1. 2. 2h, 1. 3. 24h)

Himmelspanorama April

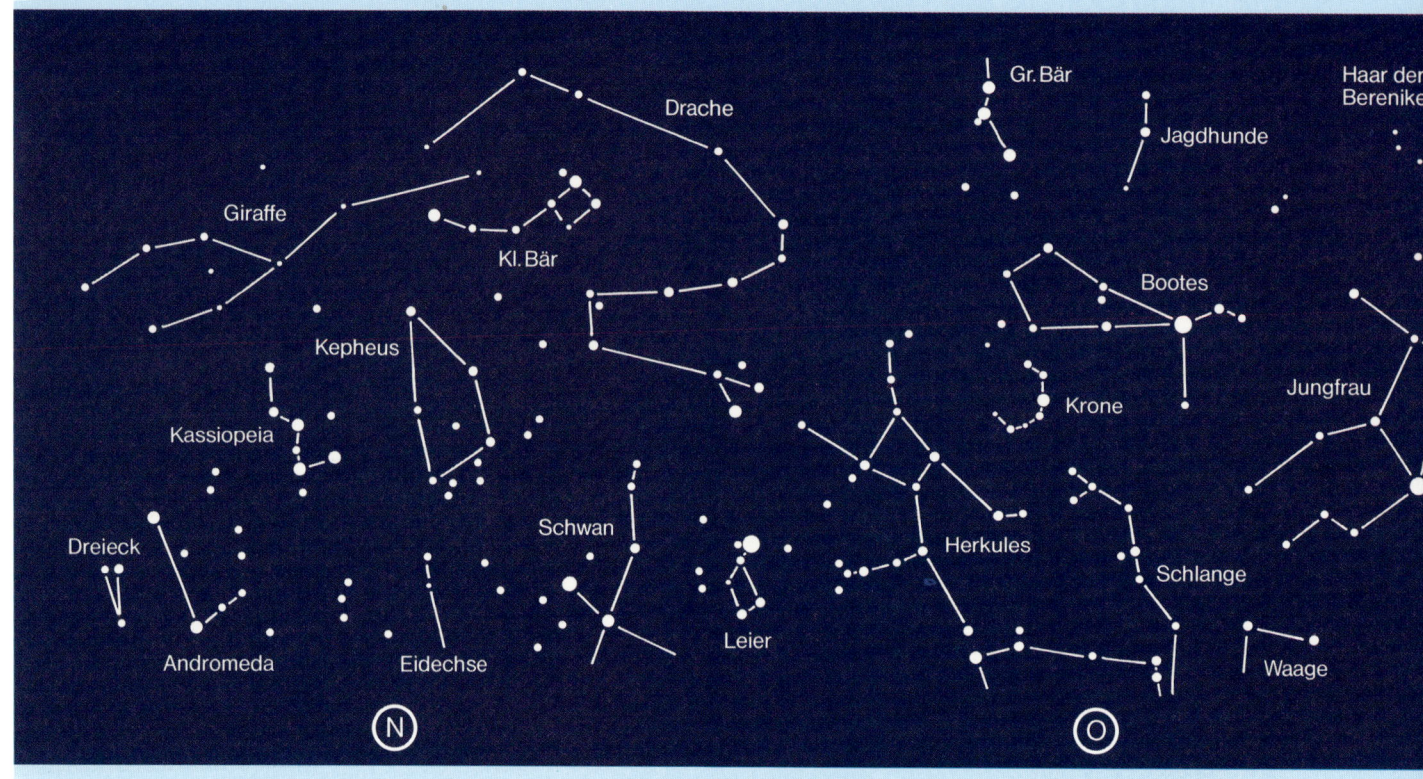

NORDEN UND OSTEN

Das dominierende Sternbild im Norden ist die Kassiopeia, das „Himmels-W". Zusammen mit ihrem Gatten Kepheus umkreist die äthiopische Königin Kassiopeia der Sage nach seit Jahrtausenden den Himmelspol, in dessen unmittelbarer Nähe der Polarstern im Kleinen Bären steht. Dieses Sternbild ist in Mitteleuropa auch unter dem Namen Kleiner Wagen bekannt. Er steht im April gegen 23 Uhr Sommerzeit genau waagerecht, seine Deichsel endet im Polarstern. Der Drache ist wie immer im Norden zu finden, während der Große Bär oder Große Wagen in dieser Panoramadarstellung fehlt, da er nahe dem Zenit, dem höchsten Punkt des Himmels, steht. Im Nordosten entdeckt man die Hauptsterne des Schwans und der Leier, Deneb und Wega. Ersterer geht in Mitteleuropa nie unter, ist also zirkumpolar, während Wega nur für Beobachter im Norden unseres Sprachgebietes immer über dem Horizont bleibt.

Im Osten ist nun der Herkules aufgegangen. Dieses Sternbild erinnert an einen der größten Helden der griechischen Sagenwelt, dessen Taten auch in vielen anderen Himmelsgegenden verewigt sind. Neben dem Herkules findet man einige Sterne der Schlange und der Waage. Hoch über dem Ostpunkt stehen die Sternbilder Bootes und Krone, darüber findet man die Jagdhunde und einige Sterne des Großen Bären. Im Südosten ist die Jungfrau aufgegangen, darüber findet man das Haar der Berenike, ein Sternbild, das auch unter dem Namen Coma bekannt ist. Die ägyptische Prinzessin Berenike soll, so berichtet die Sage, ihr herrliches Haar auf einem Altar den Göttern geopfert haben, um den Sieg ihres Heeres zu erflehen. Das Opfer wurde angenommen, das Haar der Prinzessin in Sterne verwandelt. Einer anderen Erzählung zufolge soll Berenike ihr Haar der Göttin Isis geopfert haben, um während der Abwesenheit ihres Gatten allen Versuchungen zu widerstehen. Manchmal wird das Sternbild Coma auch ganz unromantisch als „Schwanzquaste des Löwen" bezeichnet, die ja auch aus Haaren besteht.

Himmelspanorama April 1. 4. 22 Uhr, 23 Uhr Sommerzeit (1. 12. 6 h, 1. 1. 4 h, 1. 2. 2 h, 1. 3. 24 h)

SÜDEN UND WESTEN

Der Himmel über dem südlichen Horizont wird vom Löwen beherrscht. Das Sternbild ist selbst in Großstadtnähe leicht zu erkennen: der Körper des Tieres ist ein großes Trapez, sein Kopf ein kleines Trapez. Wir hatten bereits gesehen, daß die Sonne im Sommer im Löwen steht und daß unsere Vorfahren glaubten, die Sterne des mächtigsten Tieres würden in der heißen Jahreszeit die Kraft der Sonnenstrahlen noch verstärken. Um den Löwen ranken sich jedoch noch viele andere Sagen und Märchen. So soll dieses schöne Frühlingssternbild auch mit den Taten des Herkules oder Herakles in Zusammenhang stehen: die alten Griechen sahen in ihm den Nemeischen Löwen, der von Herakles bezwungen wurde. Als der Held mit der Bestie kämpfte, beauftragte Hera, die Gattin des Zeus, einen großen Krebs, Herakles von hinten anzugreifen, der jedoch den Krebs zertrat und den Löwen besiegte. Beide Tiere sollen später von den Göttern an den Himmel versetzt worden sein. Der Krebs war jedoch, wie fast alle Tierkreissternbilder, auch schon vor der Blütezeit der alten Griechen bekannt, zum Beispiel bei den Ägyptern, die in diesem Sternbild ein Symbol der Klugheit sahen. Vor einigen Jahrtausenden erreichte die Sonne im Krebs ihren höchsten Stand, die Sommersonnenwende. Begriffe wie „Wendekreis des Krebses" erinnern noch an diese ferne Zeit. Unter dem Löwen findet man die Sternbilder Rabe, Becher und Wasserschlange, eine insgesamt recht sternarme Gegend. Ganz anders sieht es im Westen aus: hier verabschieden sich nun die Wintersternbilder Großer und Kleiner Hund, Zwillinge, Orion und Stier. Über diesem steht das Fünfeck des Fuhrmanns mit der hellen Kapella, die, ähnlich wie Deneb, bei uns nie untergeht. Im Nordwesten, rechts neben dem Fuhrmann, findet man den Perseus, unter dem noch einige Sterne des Dreiecks und des Widders zu erkennen sind. Die Wintersternbilder, die uns in den letzten Monaten begleitet haben, werden nun bald in den Fluten der Sonnenstrahlen verschwinden, da unser Tagesgestirn in der nun folgenden Zeit durch den Stier und die Zwillinge wandern wird.

Der Sternenhimmel im Mai

Im Mai schrumpft die Beobachtungszeit für Sternfreunde auf wenige Stunden zusammen. Mitte des Monats geht die Sonne bereits um 5.30 Uhr Sommerzeit auf und erst gegen 21 Uhr unter, so daß man bis 23 Uhr warten muß, um die Sterne gut sehen zu können. Anfang des Monats steht bei Einbruch der Dunkelheit das Sternbild Jungfrau genau im Süden. Darunter findet man das aus lichtschwachen Sternen bestehende, aber doch markante Viereck des Raben und einige Sterne der Wasserschlange. Über der Jungfrau stehen die Sternbilder Haar der Berenike oder Coma und Jagdhunde, und fast genau im Zenit, dem höchsten Punkt des Himmels, findet man den Großen Wagen oder Großen Bären. Im Südwesten erkennt man den Löwen, dessen Körper ein großes und dessen Kopf ein kleines Trapez ist. Während man den großen Löwen leicht als Tiergestalt identifizieren kann, fällt dies beim Kleinen Löwen schwer. Andererseits ist es reizvoll, zum Beispiel im Urlaub unter günstigen Bedingungen auch einmal die kleinen, unbedeutenderen Sternbilder aufzusuchen, zu denen auch der Luchs gehört, der rechts neben dem Kleinen Löwen steht. Knapp über dem Südwesthorizont findet man den Kopf und die vorderen Partien der Wasserschlange, deren Sternenkette über den Südpunkt hinweg, immer dem Horizont entlang, bis nach Südosten verläuft. Ihr Hauptstern Alphard ist 130 Lichtjahre entfernt und in Wirklichkeit 200mal heller als unsere Sonne. Zwischen diesem Stern und dem Löwen steht der unscheinbare Sextant, daneben der Becher. Im Westen gehen die letzten Wintersternbilder unter, nämlich der Krebs, der Kleine Hund und die Zwillinge. Die beiden Zwillingsbrüder stehen dabei etwa senkrecht. Auch der Fuhrmann ist noch gut zu erkennen. Besonders sein heller Hauptstern Kapella ist die ganzen folgenden Sommernächte im Norden zu sehen, da er zu den zirkumpolaren Gestirnen gehört.

Im Norden hat das „Himmels-W", die Kassiopeia, fast seine niedrigste Stellung erreicht. Ähnlich wie Kapella geht dieses Sternbild bei uns nie unter, sondern erreicht nur einen Tiefstand über dem Nordpunkt, den man untere Kulmination nennt. Genau über diesem Punkt steht, wie in jedem Monat, der Polarstern im Kleinen Wagen oder Kleinen Bären, über dem in Zenitnähe der Drache zu finden ist. Fast genau im Zenit steht der Große Bär oder Große Wagen. Stellt man, um den Nordhorizont nach unten zu drehen, das Buch auf den Kopf, so weisen die beiden linken Wagensterne zum Polarstern, wenn man die durch sie gegebene Gerade nach unten verlängert. Im Nordosten ist nun der Schwan fast ganz aufgegangen, neben dem die Leier mit der hellen Wega zu finden ist. Beide Sternbilder künden den nun nicht mehr fernen Sommer an, in dem sie besonders gut zu beobachten sein werden.

Im Osten dominieren die Sternbilder Schlangenträger und Herkules. Bereits mit bloßem Auge kann man unter günstigen Bedingungen den herrlichen Kugelsternhaufen M 13 beobachten, der mit Abstand das interessanteste Objekt im Herkules ist. In Großstadtnähe hilft ein Feldstecher, diese Familie von rund 100 000 Sonnen aufzusuchen, deren Entfernung 24 000 Lichtjahre beträgt. Der Sternhaufen erscheint mit bloßem Auge oder im Fernglas betrachtet als mattes Lichtfleckchen, ein Fernrohr zeigt in seinen Randbereichen auch Einzelsterne. Das Sternbild Herkules besitzt ein zentrales Viereck, auf dessen im April oberen Seite M 13 leicht zu finden ist. Von dort ist es nicht weit zur Krone, genauer zur Nördlichen Krone, die, ähnlich wie der Bootes, zu den typischen Frühlingssternbildern zählt. Verlängert man die durch die Deichsel des Großen Wagens begonnene Kurve, so kommt man zum Arktur im Bootes und schließlich zur Spika, dem Hauptstern der Jungfrau. Dieser kleine Trick hat schon vielen Anfängern geholfen, außer dem Großen Wagen noch einige andere Sternbilder zu finden. Genauso wie die Jungfrau gehört auch die nun aufgegangene Waage zu den Tierkreissternbildern. Rechts unterhalb der Waage erinnern einige Sterne des Centaurus daran, daß es unter dem Südhorizont Sternbilder gibt, die bei uns nie zu sehen sind. Dies gilt insbesondere für die Hauptsterne des Centaurus und das ihm benachbarte Kreuz des Südens.

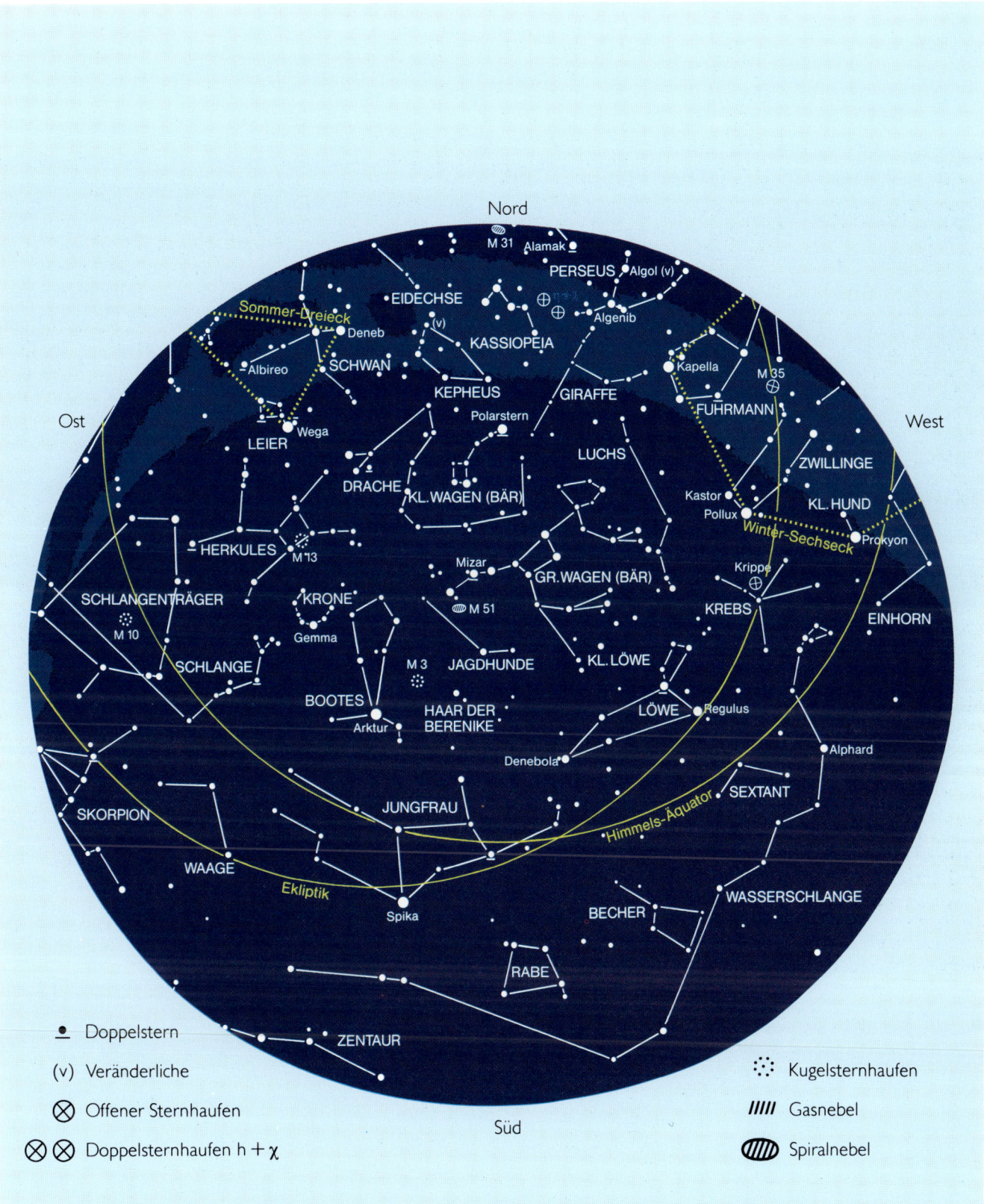

Sternkarte für den 1. 5. 22 Uhr, 23 Uhr Sommerzeit (1. 1. 6h, 1. 2. 4h, 1. 3. 2h, 1. 4. 24h, bei Sommerzeit eine Stunde addieren)

Himmelspanorama Mai

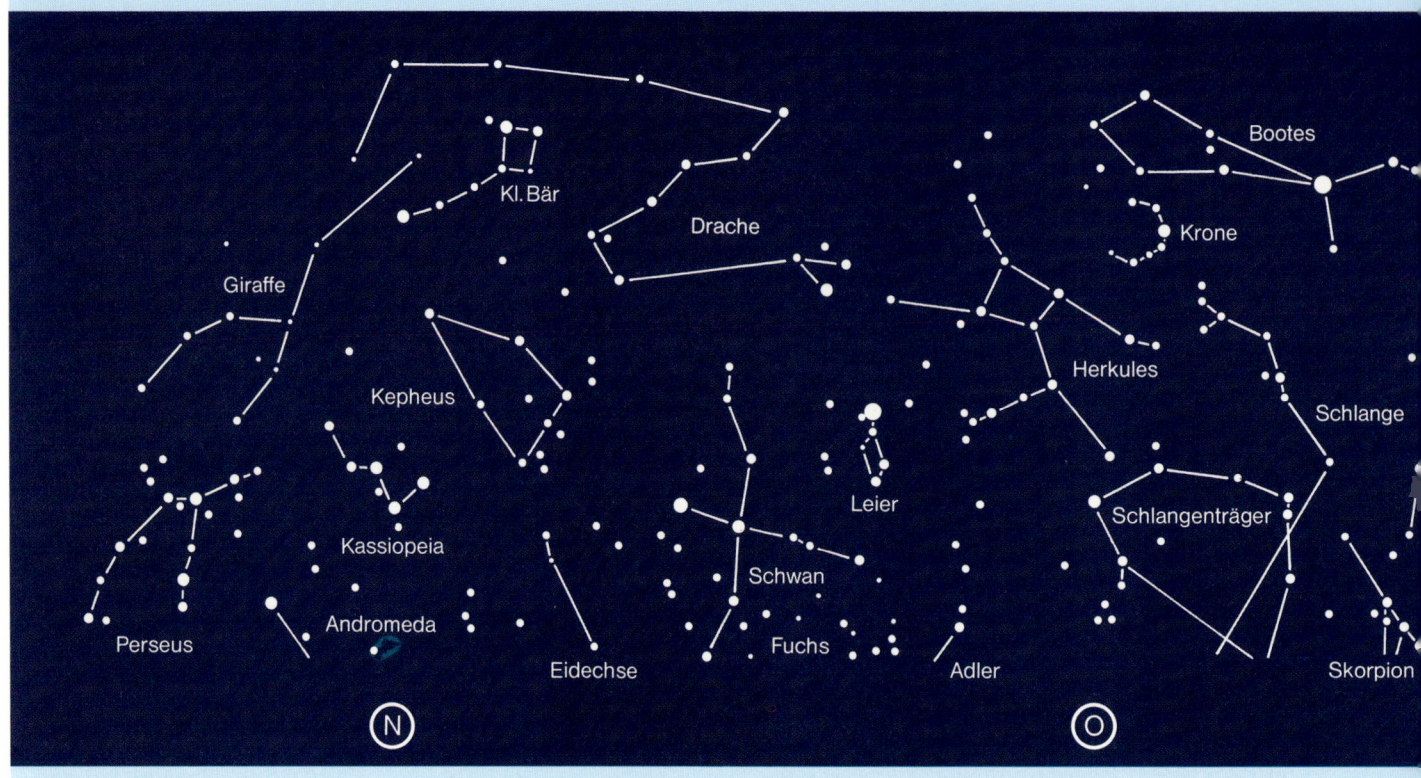

NORDEN UND OSTEN

Im Norden hat die Kassiopeia, das „Himmels-W", ihren niedrigsten Stand erreicht. Einer Sage nach durfte die Königin Kassiopeia, nach der das herrliche Sternbild über dem Nordhorizont benannt ist, zur Strafe für ihre Eitelkeit nie mehr im Meer baden. In dieser Erzählung steckt die Naturbeobachtung, daß das „Himmels-W" nie untergeht, da sein Kreis um den ruhenden Polarstern so klein ist, daß es nie den Horizont berühren kann. In der Tat kann man beobachten, wie Kassiopeia Anfang Mai zwischen 22 und 24 Uhr MEZ (23 und 1 Uhr Sommerzeit) im Norden ihren niedrigsten Stand erreicht und dann wieder höher steigt. Links unterhalb der Kassiopeia findet man das teilweise ebenfalls nie untergehende Sternbild Perseus.

Der griechische Held, nach dem das Sternbild benannt ist, gehört wie der Kepheus zum Sagenkreis der Kassiopeia. Der Kleine Wagen oder Kleine Bär mit dem Polarstern ist wie in jedem Monat ebenso im Norden zu finden wie der Drache, dessen Kopf nach Osten weist. Im Nordosten sind die Sternbilder Schwan und Leier erschienen und künden den Sommerhimmel an, der uns durch die nächsten Monate begleiten wird. Hoch über dem Ostpunkt steht der Herkules, der mit dem griechischen Helden Herakles identisch ist, dessen 12 Taten ja teilweise auch in die Sternbilderwelt Einzug gehalten haben. Schlange und Schlangenträger sind nun fast ganz zu sehen. Hoch über diesen nicht sehr auffälligen Sternbildern stehen der Bootes und die Krone, während im Südosten die Waage aufge-

gangen ist. Dieses Tierkreisbild wurde bei den alten Griechen oft als Symbol der Gerechtigkeit angesehen und gehörte früher zum Skorpion. Die Waage ist übrigens das einzige Tierkreissternbild, das die Griechen, denen wir die heutige Fassung fast aller Sternbildnamen verdanken, nicht von den Babyloniern oder Ägyptern übernommen haben.

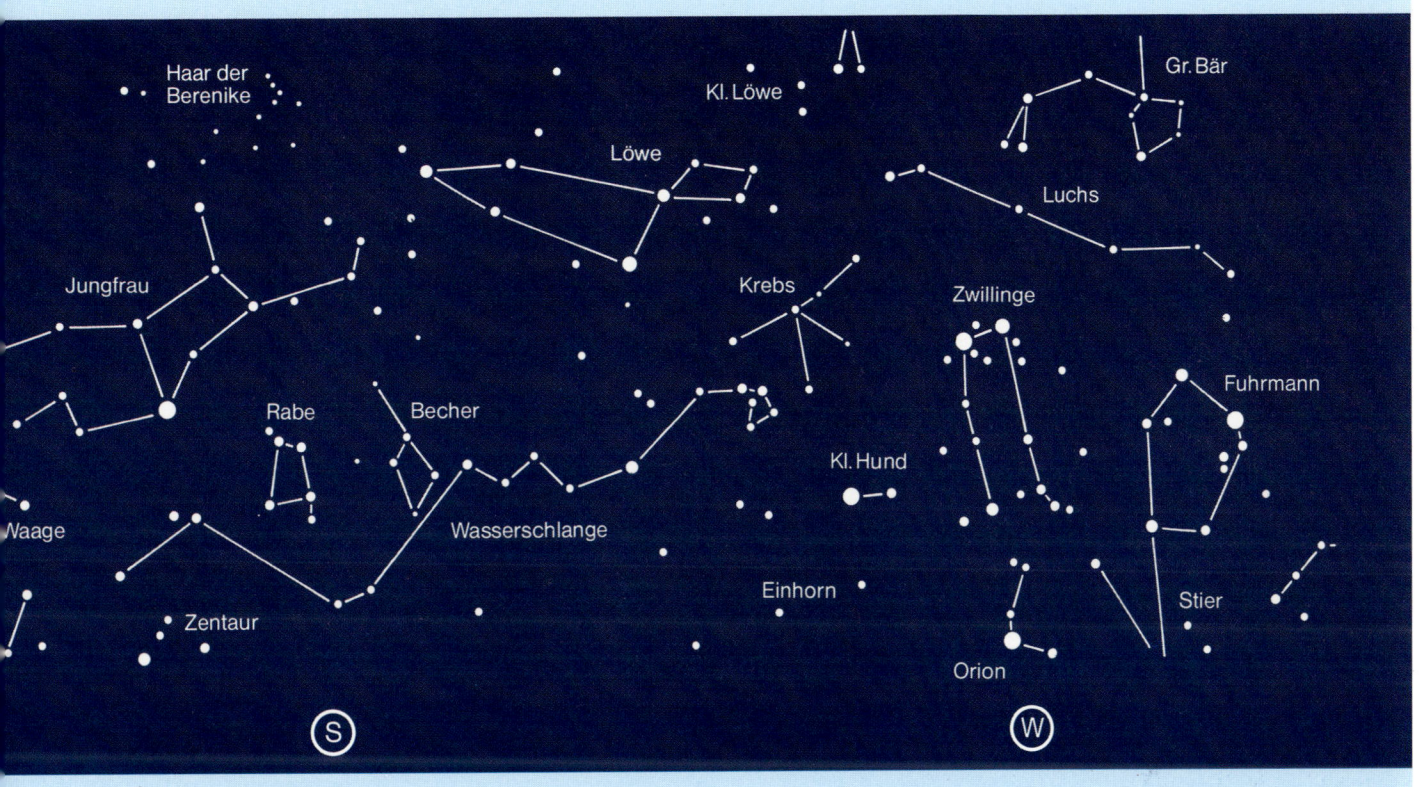

Himmelspanorama Mai 1. 5. 22 Uhr, 23 Uhr Sommerzeit (1. 1. 6 h, 1. 2. 4 h, 1. 3. 2 h, 1. 4. 24 h, bei Sommerzeit eine Stunde addieren)

SÜDEN UND WESTEN

Die dominierende Figur des Maihimmels ist die Jungfrau, um die sich viele Sagen und Erzählungen ranken. So verehrten die alten Griechen in diesem Sternbild ihre Göttin Athene. Zeus hatte Attika derjenigen Gottheit versprochen, die dem Land das nützlichste Geschenk machen würde. Poseidon, der Meeresgott, gab das Pferd, Athene schenkte den Ölbaum und siegte. Noch heute wird die himmlische Jungfrau oft mit einem Ölzweig dargestellt. Anderen Erzählungen nach war die Jungfrau eine Tochter der Aurora, der Morgenröte, oder ein Symbol der Reinheit und Gerechtigkeit. Weitere Deutungen werden wir im nächsten Monat kennenlernen. Über der Jungfrau findet man das Haar der Berenike.

Knapp über dem südlichen Horizont stehen der Rabe, der Becher und die Wasserschlange. Der Rabe übrigens galt den alten Völkern als Symbol der Klugheit und Hilfsbereitschaft. Sein schwarzes Kleid wurde oft als Strafe für seine Geschwätzigkeit angesehen. Nach einer Erzählung von Ovid soll er dem Gott Apoll Wasser gebracht und sich dabei verspätet haben, da ihn die Wasserschlange aufgehalten hatte. Man sieht, die einzelnen Sternbilder haben sehr verschiedene Geschichten. In der Wasserschlange sah man ja auch die Hydra, die von Herakles besiegt wurde.

Im Südwesten, hoch über der Wasserschlange, steht der Löwe, der nun seine höchste Stellung überschritten hat. Im Westen schließlich verabschieden sich die letzten Wintersternbilder, insbesondere der Kleine Hund und die Zwillinge, über denen der Luchs und einige Sterne des Großen Bären zu finden sind, der im Zenit steht und deshalb in dieser Panoramadarstellung nicht gezeigt werden kann. Im Nordwesten erkennt man das markante Fünfeck des Fuhrmanns, dessen heller Hauptstern Kapella bei uns nie untergeht. Vom Stier ist fast nichts mehr zu sehen, da die Sonne am 13. 5. in dieses Sternbild hineinwandert und es dann überstrahlt.

Der Sternenhimmel im Juni

Im Sonnwendmonat Juni sind bei uns, besonders im Norden des deutschen Sprachraums, die Nächte sehr kurz. In weiten Teilen der Bundesrepublik geht die Abenddämmerung direkt in das Morgengrauen über. Diese Erscheinung nennt man Mitternachtsdämmerung. Sie ist besonders gut in Schleswig-Holstein zu beobachten. Die nur knapp unter dem Horizont stehende Sonne erhellt auch um 24 Uhr oder 1 Uhr Sommerzeit den nördlichen Teil des Himmels. Noch weiter im Norden, beispielsweise in großen Teilen Norwegens, geht sie im Juni überhaupt nicht unter und ist zirkumpolar, man beobachtet die Mitternachtssonne. Um 22 Uhr MEZ oder 23 Uhr Sommerzeit ist es noch gar nicht völlig dunkel, aber sicher finster genug, um hoch über dem Südpunkt den hellen Arktur oder Arcturus im Bootes zu erkennen. Neben diesem Sternbild findet man die Nördliche Krone mit ihrem hellen Hauptstern Gemma, während der südliche Himmelssektor sonst recht sternleer ist. Die Waage, das Ende der Wasserschlange und einige Sterne des Centaurus sorgen kaum für Abwechslung. Im Südwesten erkennt man nach wie vor die Jungfrau mit ihrem hellen Hauptstern Spika, während sich Rabe und Becher nun langsam verabschieden. Über der Jungfrau stehen die Sternbilder Jagdhunde und Haar der Berenike.

Im Westen findet man den Löwen, dessen heller Hauptstern Regulus sich noch gegen die Abenddämmerung durchsetzen kann. Er gehört wie Krebs und Zwillinge zu den Tierkreisbildern. Am 21. 6. tritt die Sonne in das Sternbild Zwillinge ein, das ungefähr mit dem astrologischen Sternzeichen Krebs zusammenfällt. Vor rund 2 Jahrtausenden fielen Sternbilder und Sternzeichen zusammen, das Sternbild Krebs war also praktisch mit dem gleichnamigen Sternzeichen identisch. Begriffe wie „Wendekreis des Krebses" erinnern noch an diese Zeit, da damals die Sonne am Sonnwendtermin wirklich in den Krebs wanderte, was sie heutzutage erst am 20. 7. tut. Der Grund für diese Verschiebung und Verwirrung ist eine Taumelbewegung der Erdachse, die man Präzession nennt.

Im Norden hat die Kassiopeia ihre niedrigste Stellung, die untere Kulmination, gerade überschritten. Ihr folgen die zirkumpolaren Teile des Perseus und der helle Stern Kapella im Fuhrmann. In Norddeutschland ist sie oft der einzige Stern, der im Juni und Juli knapp über dem immer aufgehellten nördlichen Horizont zu sehen ist. Nimmt man die 3 mittleren Sterne des „Himmels-W", wie man die Kassiopeia auch nennt, so bilden sie ein Dreieck, das wie eine Pfeilspitze senkrecht nach oben zum Polarstern weist. Der Polarstern steht, von einer minimalen Abweichung abgesehen, genau über dem Nordpunkt und gehört zum Sternbild Kleiner Wagen oder Kleiner Bär. Dieser weist im Juni gegen 23 Uhr Sommerzeit, ausgehend vom Polarstern, senkrecht nach oben, also zum Zenit. In Zenitnähe findet man den Drachen und den Großen Wagen oder Großen Bären, der gerade seine höchste Stellung, die obere Kulmination, durchlaufen hat und nun in Richtung Nordwesten absinkt. Beim großen Himmelskarussell, das sich um den Polarstern zu drehen scheint, stehen sich ja der Große Wagen und Kassiopeia immer gegenüber; wenn ersterer oben ist, steht das „Himmels-W" in seiner niedrigsten Stellung.

Im Osten ist nun das komplette Sommerdreieck mit Wega in der Leier, Deneb im Schwan und Atair im Adler aufgegangen. Dieses große Dreieck steht inmitten der Milchstraße und beherbergt das kleine Sternbild Pfeil. Neben dem Sommerdreieck findet man den Delphin, dessen Form ein wenig an die Drachen erinnert, welche die Kinder im Herbst aufsteigen lassen. Hoch über dem Ostpunkt steht das Sternbild Herkules, dessen herrlichen Kugelsternhaufen M 13 man nun leicht finden kann. Im Südosten ist der Schlangenträger aufgegangen, durch den die Schlange hindurchläuft. Knapp über dem Südosthorizont findet man Teile des vielleicht schönsten Tierkreissternbildes, des Skorpions. Seine südlichen Partien sind bei uns nie zu beobachten. Immerhin kann man seinen Hauptstern Antares erkennen. Antares heißt „Gegenmars". Der Stern sieht wegen seiner roten Farbe unserem Nachbarplaneten sehr ähnlich. Die schon erwähnte Waage wurde früher als Teil des Skorpions angesehen, ist heutzutage jedoch ein extra Sternbild, das nun fast genau im Süden steht.

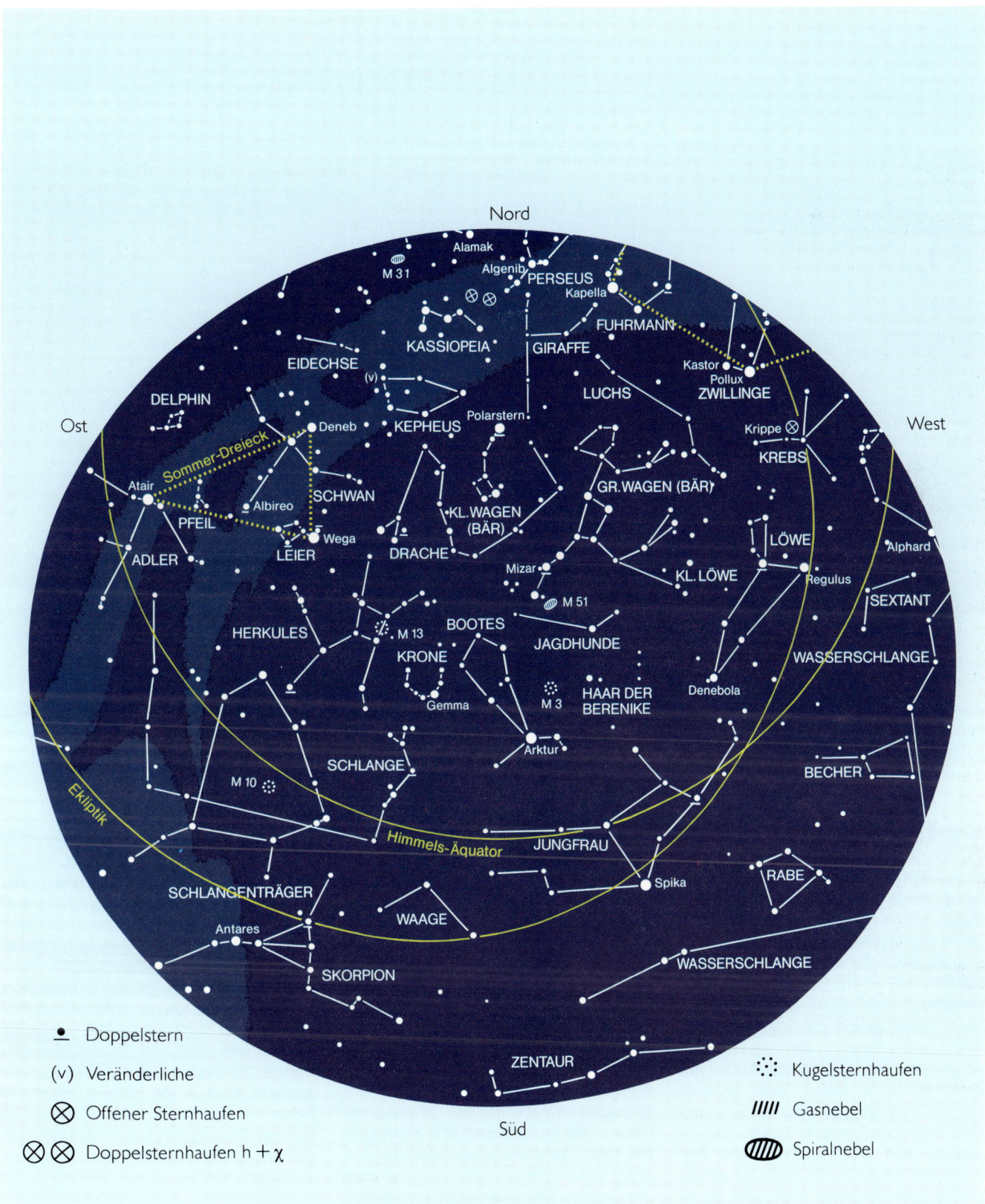

Sternkarte für den 1. 6. 22 Uhr, 23 Uhr Sommerzeit (1. 2. 6h, 1. 3. 4h, 1. 4. 2h, 1. 5. 24h, bei Sommerzeit eine Stunde addieren)

Der Sternenhimmel im Juli

Tief im Süden hat jetzt der Skorpion seine höchste Stellung erreicht. Dieses schönste aller Tierkreissternbilder ist bei uns leider nie voll zu sehen, sein roter Hauptstern Antares allerdings ist trotz Horizontnähe gut zu beobachten. Der Stern ist rund 500 Lichtjahre entfernt und hat gewaltige Ausmaße. Sein Durchmesser übertrifft den unserer Sonne um das 700fache, fast unser ganzes Sonnensystem bis zur Jupiterbahn würde in den riesigen Gasleib des Antares hineinpassen! Wie bei Beteigeuze im Orion handelt es sich hier um eine sterbende Sonne, die sich im Todeskampf gewaltig aufgebläht hat. Über dem Skorpion findet man den Schlangenträger, durch den die Schlange hindurchläuft. Hoch über dem Südpunkt, fast im Zenit, steht der Herkules, dessen schönstes Feldstecher- oder Fernrohrobjekt, der Kugelhaufen M 13, unter günstigen Bedingungen sogar mit dem bloßen Auge beobachtet werden kann. Die Sternbilder Bootes und Krone haben ihren Höchststand, die Kulmination, um 23 Uhr gerade hinter sich und stehen neben dem Herkules hoch über dem südwestlichen Horizont. Darunter findet man die Waage, die wie der Skorpion zu ihrer Linken und die Jungfrau zu ihrer Rechten zu den Tierkreissternbildern gehört, durch die im Laufe der Zeit Sonne, Mond und Planeten hindurchwandern. Im Westen geht gerade der Löwe unter, über ihm steht der Kleine Löwe. Der Große Wagen, der ja nur Bestandteil des Großen Bären ist, hat, wenn er spät abends sichtbar wird, seine höchste zenitnahe Stellung überschritten und steht ebenfalls im Westen. Sieht man in dem Sternbild einen Wagen, so weist seine Deichsel nach links. Besonders interessant ist der mittlere Deichselstern, den man mit bloßem Auge doppelt sehen kann. Oft wird das Sternpaar als Augenprüfer bezeichnet. Betrachtet man den hellen Hauptstern im Fernrohr, so sieht man diesen nochmals doppelt. 2 Sonnen kreisen hier umeinander und werden in großem Abstand von einer dritten umrundet. Der mit bloßem Auge einfach sichtbare, aber in Wirklichkeit doppelte Hauptstern heißt Mizar, sein ferner Begleiter Alkor oder Reiterlein.

Über dem Großen Bären findet man nun einige Sterne des Drachens, unter dem bekanntesten nördlichen Sternbild stehen sowohl die Jagdhunde als auch das Haar der Berenike.

Der Nordhorizont bleibt, besonders Anfang Juli, in Norddeutschland während der ganzen kurzen Sommernacht leicht aufgehellt, die Abenddämmerung geht direkt in die Morgendämmerung über. Die Kapella, Hauptstern des Fuhrmanns, hat fast ihre niedrigste Stellung, die untere Kulmination, erreicht. Sie ist der einzige Stern des Wintersechsecks, der bei uns nie untergeht, und erinnert uns in den warmen Sommernächten daran, daß der nächste Winter bestimmt kommt. Ansonsten ist der Himmel über dem Nordpunkt ziemlich sternleer, nur einige Sterne des Perseus sorgen für etwas Abwechslung. Der Kleine Bär oder Kleine Wagen, zu dem der Polarstern gehört, weist senkrecht nach oben und wird vom Drachen eingehüllt, dessen Kopf fast genau im Zenit steht. Das „Himmels-W", die Kassiopeia, hat seinen niedrigsten Punkt, die untere Kulmination, nun endgültig überschritten und beginnt, dem ewigen Kreislauf um den Polarstern folgend, emporzusteigen, während ihr Gegenstück, der Große Waagen, abzusinken beginnt. Im Osten dominiert das Sommerdreieck mit Wega in der Leier, Deneb im Schwan und Atair im Adler. Den Schwan nennt man auch Kreuz des Nordens. Sein Hauptstern Deneb, auch α (Alpha) Cygni genannt, ist rund 1500 Lichtjahre entfernt und hat 10 000fache Sonnenleuchtkraft. Eines der schönsten Feldstecherobjekte des gesamten Himmels ist der Kopfstern des Schwans, Albireo (β im Schwan), ein Doppelstern, dessen Partner orange und bläulich leuchten. Bereits mit bloßem Auge kann man dagegen den Stern ε (Epsilon) in der Leier doppelt sehen. Er ist, ähnlich wie Mizar und Alkor, ein ausgezeichneter Augenprüfer und links von Wega leicht zu finden. Mitten durch das Sommerdreieck läuft die Milchstraße hindurch, die im Südosten den gerade aufgegangenen Schützen erreicht. In diesem Sternbild steht die Sonne zur Wintersonnenwende. Jetzt im Juli ist es gut am Nachthimmel zu sehen, steht allerdings immer nur knapp über dem Horizont. Im Schützen befindet sich das Milchstraßenzentrum, also der Mittelpunkt der riesigen Welteninsel, die von rund 200 Milliarden Sonnen, worunter sich auch unsere eigene Sonne befindet, gebildet wird.

Himmelspanorama Juli

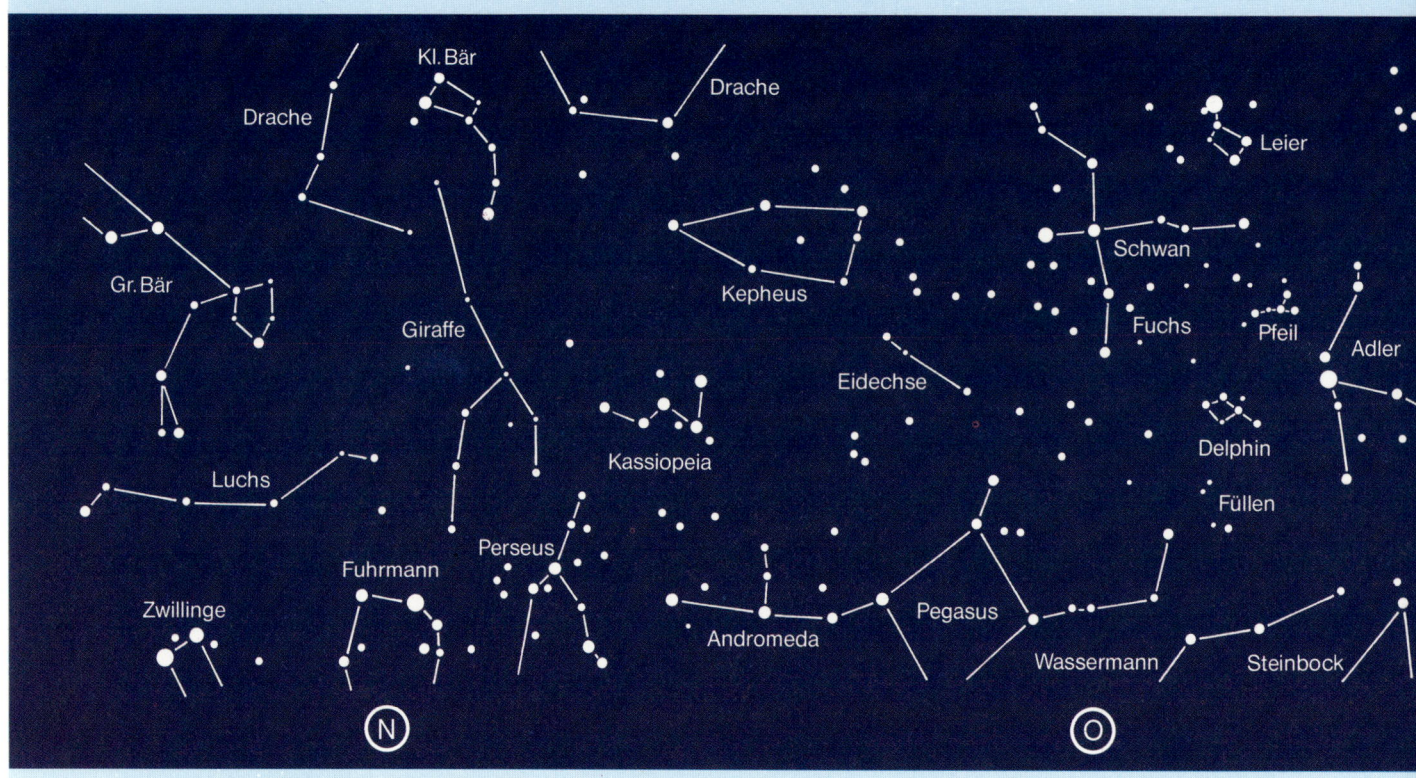

NORDEN UND OSTEN

Der Kleine Wagen oder Kleine Bär weist in diesem Monat, wenn es dunkel geworden ist, senkrecht nach oben. Zu diesem Sternbild gehört der Polarstern, der genau über dem Nordpunkt steht. Unter dem Kleinen Wagen hat das unscheinbare Sternbild Giraffe seine niedrigste Stellung erreicht, darunter findet man einige Sterne des Perseus und des Fuhrmanns, besonders die zirkumpolare Kapella. Das „Himmels-W", die Kassiopeia, hat seine niedrigste Stellung hinter sich und steigt im Laufe der kurzen Sommernacht im Nordosten immer höher. Knapp über dem Nordosthorizont künden Andromeda und Pegasus den Herbsthimmel an. Im Osten dominiert das sogenannte Sommerdreieck mit Wega in der Leier, Deneb im Schwan und Atair im Adler. Der Schwan gehört zu den Sternbildern, die bei uns nur teilweise untergehen. Da er nie ganz in die Fluten des Meeres eintaucht, galt er früher bei den Seefahrern als Zeichen der Hoffnung. Die alten Völker sahen im Schwan auch manchmal den Cygnus, einen Bruder oder Freund des Phaeton, der seinerseits ein Sohn des Sonnengottes war. Als Phaeton einmal den Sonnenwagen lenken durfte, verunglückte er und stürzte in den Fluß Eridanus, der ja auch als Sternbild am Himmel verewigt wurde. Einer anderen Erzählung nach soll Phaeton den Sonnenwagen so ungeschickt gelenkt haben, daß Zeus sich genötigt sah, den Jüngling zur Vermeidung größeren Unheils zu erschießen. Cygnus soll die sterblichen Überreste des Phaeton aus dem Fluß geborgen haben und zum Dank dafür als Schwan an den Himmel versetzt worden sein.

Rechts unterhalb des Schwans findet man den Adler. Die alten Griechen trauten diesem Vogel zu, er könne bis zum Olymp zu den Göttern fliegen. Zeus, auf dessen Rückenlehne der himmlische Adler saß, soll ihm die Verwaltung seiner Donnerkeile übertragen haben. Auch soll es dieser Vogel gewesen sein, der den Knaben Ganymed raubte und in den Olymp entführte, wo er seitdem als Mundschenk der Götter dient.

Mitten im Sommerdreieck findet man übrigens noch ein weiteres Sternbild, den Pfeil. Darunter steht der Delphin, der ein wenig an einen fliegenden Drachen erinnert.

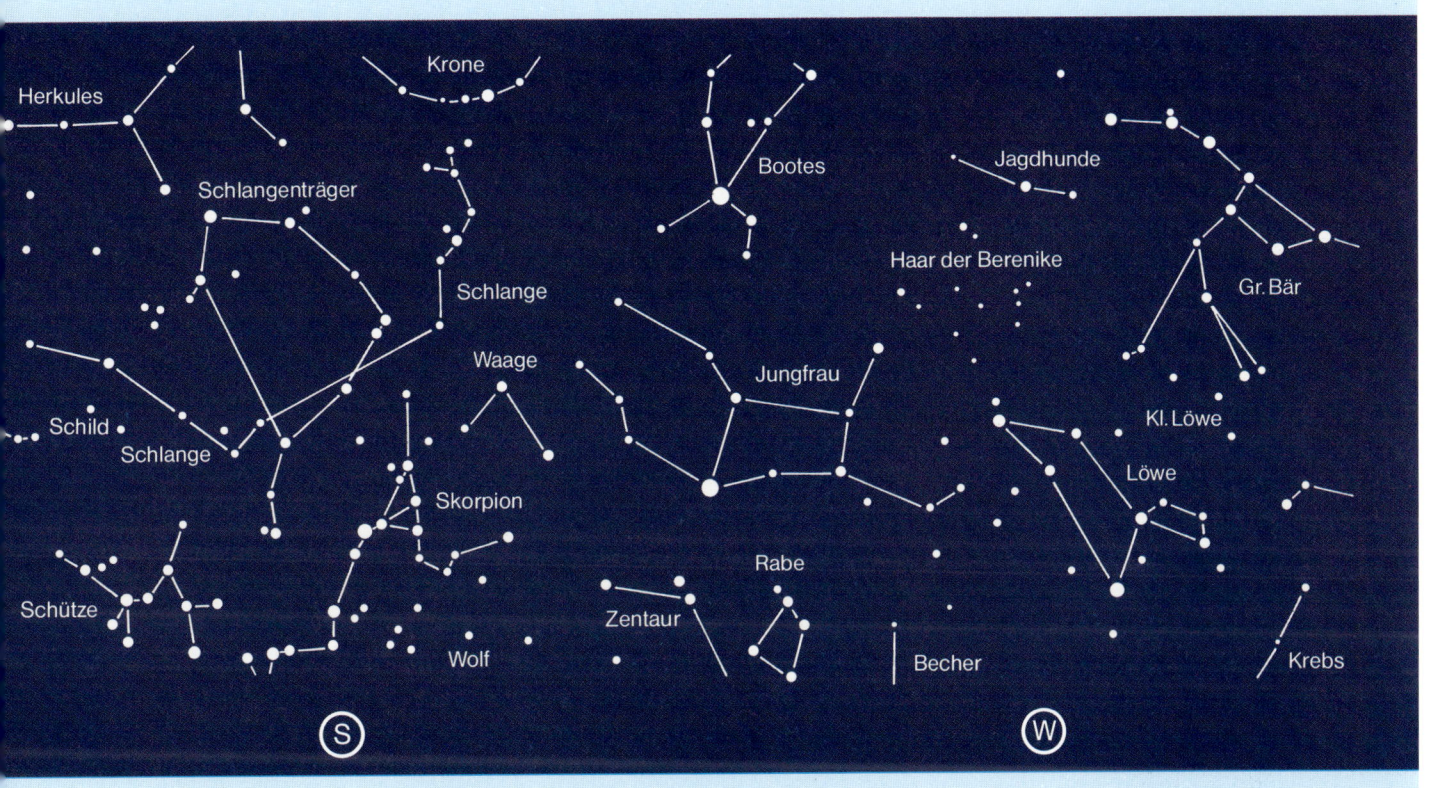

Himmelspanorama Juli 1. 7. 22 Uhr, 23 Uhr Sommerzeit (1. 3. 6 h, 1. 4. 4 h, 1. 5. 2 h, 1. 6. 24 h, bei Sommerzeit eine Stunde addieren)

SÜDEN UND WESTEN

Tief im Süden erkennt man die Tierkreisbilder Skorpion und Schütze. Strenggenommen gehört auch der Schlangenträger zu diesen Sternbildern, da sich die Sonne vom 29. 11. bis 18. 12., also eine recht lange Zeitspanne, in dieser Figur aufhält. Es ist also nicht falsch, wenn man gelegentlich von 13 und nicht von 12 Ekliptik- oder Tierkreissternbildern spricht.

Aber kommen wir noch einmal zurück zum Skorpion: Einer Sage nach soll dieser den Orion gestochen und getötet haben und danach an eine Stelle des Himmels versetzt worden sein, die dem Orion genau gegenübersteht. In dieser kleinen Erzählung steckt die Naturbeobachtung, daß der Orion erst aufgeht, wenn der Skorpion untergegangen ist. Das riesige Sternbild des Schlangenträgers wird oft mit dem antiken Arzt Asklepios in Verbindung gebracht, der sogar Tote wieder lebendig machen konnte. Zeus sah durch Asklepios die gesamte Weltordnung gefährdet und tötete den großen Arzt durch einen Blitz. Manchmal wird im Schlagenträger auch der große Held Herakles gesehen, der jedoch sein eigenes Sternbild hat, das wir in unserem Sprachraum meist Herkules nennen.

Im Südosten ist nach wie vor die Waage zu erkennen, knapp über dem Horizont verabschieden sich die letzten Sterne des Centaurus und des Raben. Über diesem steht das große Tierkreissternbild Jungfrau. Wie alle Sternbilder, die im Südwesten stehen, hat auch der Bootes seinen höchsten Stand, die Kulmination, überschritten. Sein heller Hauptstern Arktur ist wegen seiner rötlichen Farbe leicht zu erkennen. Im Westen geht der Löwe unter. Er wird nun einige Monate lang unbeobachtbar bleiben. Über diesem Sternbild findet man das Haar der Berenike und die Jagdhunde.

Der Große Wagen oder Große Bär, das bekannteste nördliche Sternbild, steht nun wieder niedrig genug, um im Himmelspanorama zu erscheinen. In den nächsten Monaten ist es besonders gut zu erkennen, da der Wagen nun richtig herum, also nicht auf dem Kopf steht. Die 3 Deichselsterne werden oft auch als Pferde dargestellt. Auf dem mittleren sitzt ein Reiter. Dieser erinnert an den kleinen Begleiter des mittleren Deichselsterns, den man schon mit bloßem Auge sehen kann.

Der Sternenhimmel im August

Im August werden die Nächte schon wieder deutlich länger, die Beobachtungsbedingungen verbessern sich von Tag zu Tag. Um 23 Uhr Sommerzeit steht Anfang August das Tierkreissternbild Schütze genau im Süden. Wega, der Hauptstern der Leier, hat dann ihren höchsten Stand erreicht. Man findet sie fast genau im Zenit, dem höchsten Punkt des Himmels. Wega ist rund 28 Lichtjahre entfernt und 45mal heller als unsere Sonne. Die Leier gehört zu den Sternbildern des Sommerdreiecks, dessen Eckpunkte von der schon erwähnten Wega sowie den Sternen Deneb im Schwan und Atair im Adler markiert werden. Wega und Atair, der nur 14 Lichtjahre von uns entfernt ist, gehören zu unseren nächsten Nachbarn im All, während das Licht von Deneb zu uns rund 1500 Lichtjahre unterwegs ist, sein Abstand also 1500 Lichtjahre beträgt. Am Beispiel des Sommerdreiecks sieht man besonders deutlich, daß die scheinbare Helligkeit eines Sterns nichts über seine wahre Leuchtkraft aussagt, und daß die Sterne eines Sternbildes meist nichts miteinander zu tun haben, sondern, von uns aus gesehen nur zufällig in einer Richtung stehen.

Im Südwesten findet man noch die oberen Partien des Skorpions sowie den Schlangenträger. Hoch über diesem Sternbild steht der Herkules, der gerade seine Zenitstellung überschritten hat. Dem Skorpion schließt sich in westlicher Richtung das Tierkreissternbild Waage an. Ziemlich genau über dem Westpunkt steht der Bootes, neben ihm befindet sich die Nördliche Krone. Am Westhorizont verschwinden die letzten Sterne der Jungfrau und des Löwen, in den die Sonne am 10. 8. eintritt. Von den schwachen Sternen der Jagdhunde und des Haars der Berenike wird in der Abenddämmerung nicht mehr viel zu sehen sein, das gleiche gilt für den Kleinen Löwen. Der Große Wagen oder Große Bär steht im Nordwesten in mittlerer Höhe. Um den Himmel über dem Nordhorizont zu erhalten, muß man wie in jedem Monat die Sternkarte und damit das Buch auf den Kopf stellen. Die beiden untersten Wagensterne weisen dann den Weg zum Polarstern, wenn man die durch sie gegebene Gerade nach rechts oben verlängert. Der Polarstern steht genau über dem Nordpunkt und gehört zum Kleinen Wagen oder Kleinen Bären, der sich nun nach links, also Richtung Westen geneigt hat. Dieses nördlichste aller Sternbilder wird vom Drachen eingehüllt, dessen Kopf in Zenitnähe steht. Tief im Norden findet man den hellen, zirkumpolaren Stern Kapella im Fuhrmann, während das „Himmels-W", die Kassiopeia, in mittlerer Höhe im Nordosten steht. Die beiden Hauptdarsteller auf der nördlichen Himmelsbühne, Großer Wagen und Kassiopeia, stehen sich nun etwa in gleicher Höhe gegenüber, ersterer sinkt zum Nordpunkt herunter, das „Himmels-W" dagegen steigt immer höher. Auch der Perseus hat seinen niedrigsten Stand überschritten. Er gehört wie die gerade aufgehenden Sternbilder Dreieck und Widder zum Herbsthimmel, der sich nun langsam im Osten bemerkbar zu machen beginnt. Das wohl auffälligste Sternbild ist der Pegasus, den man auch „Herbstviereck" nennt, obwohl der linke Eckstern des großen Quadrats, Sirrah, streng genommen bereits zur Andromeda gehört, in welcher der berühmte Andromedanebel M 31 steht. Es handelt sich um eine Nachbargalaxie mit 400 Milliarden Sonnenmassen, die man unter günstigen Bedingungen schon mit dem bloßen Auge erkennen kann. Das Licht, das dann in unser Auge fällt, war rund 2 Millionen Jahre unterwegs; wir sehen den Andromedanebel also so, wie er vor 2 Millionen Jahren aussah.

Über dem Südosthorizont findet man die Tierkreis- oder Ekliptiksternbilder Steinbock und Wassermann sowie Teile der Fische. In den frühen Morgenstunden scheinen aus dem Sternbild Perseus, das dann hoch über dem Horizont steht, um den 11. 8. zahlreiche Sternschnuppen zu kommen. Dieser Auguststernschnuppenschwarm wird „Laurentiustränen" oder Perseiden genannt. Er hat nichts mit den fernen Fixsternen zu tun, die nur als Kulisse für dieses oft herrliche Himmelsschauspiel dienen. Bei den Perseiden handelt es sich um Reste eines Kometen, dessen ehemalige Bahn unsere Erde im August kreuzt. Dabei fängt sie viele kleine Brocken und Staubkörner ein, die in großer Höhe die Luft zum Nachleuchten anregen und zu den Sternschnuppen- oder Meteorerscheinungen führen. Größere Meteorite können die Oberfläche der Erde erreichen, ohne vorher zu verbrennen oder zu verdampfen.

Sternkarte für den 1. 8. 22 Uhr, 23 Uhr Sommerzeit (1. 5. 4h, 1. 6. 2h, 1. 7. 24h, bei Sommerzeit eine Stunde addieren)

Himmelspanorama August

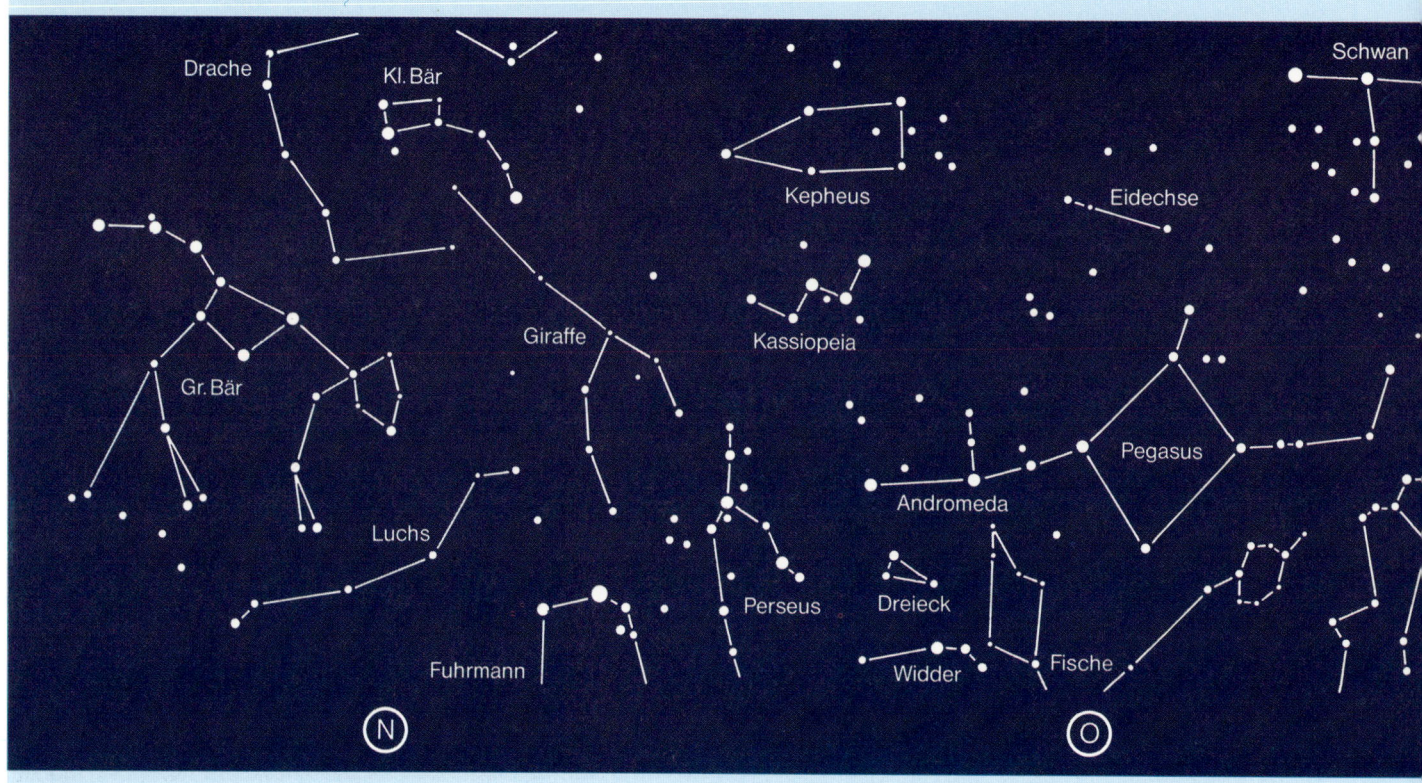

NORDEN UND OSTEN

Im ewigen Kreislauf um den scheinbar ruhenden Polarstern stehen sich die beiden wichtigsten Sternbilder des Nordens auf gleicher Höhe gegenüber: während der Große Wagen oder Große Bär absinkt, steigt die Kassiopeia in den nun folgenden Nachtstunden immer höher. Der Mittelpunkt dieser scheinbaren Himmelsdrehung, der Himmelsnordpol, in dessen unmittelbarer Nähe sich der Polarstern im Kleinen Bären befindet, steht genau über dem Nordpunkt. Über dem nördlichen Horizont, der in den späten Abendstunden nun auch in Norddeutschland wieder ganz dunkel ist, findet man die Kapella, den Hauptstern des Fuhrmanns. Bereits etwas höher steht der Perseus, aus dem, besonders in den frühen Morgenstunden, der Sternschnuppenschwarm der Perseiden zu kommen scheint, der um den 11. 8. sein Maximum erreicht. Bis zu 80 Meteore pro Stunde sind in günstigen Jahren bei diesem Strom gezählt worden, den der Volksmund früher oft mit den Tränen des 258 n. Chr. gestorbenen heiligen Laurentius identifizierte. Noch heute nennt man die Perseiden bisweilen die Laurentiusträanen.

Im Osten findet man nun bereits einen großen Teil der typischen Herbststernbilder, zum Beispiel die Andromeda und den Pegasus, den man auch oft als „Herbstviereck" bezeichnet. Unter diesem großen, fast quadratischen Sternbild befindet sich übrigens der Frühlingspunkt in den Fischen, also die Stelle, an der die Sonne zu Frühlingsanfang steht. Dieser Punkt befand sich früher im Widder und wird daher noch manchmal „Widderpunkt" genannt. Über dem Pegasus findet man das unscheinbare Sternbild der Eidechse, während der Schwan in dieser Darstellung nur teilweise zu sehen ist. Im Südosten ist der Wassermann erschienen, in dem der Frühlingspunkt in späteren Jahrhunderten stehen wird. Die Astrologen sprechen daher vom nun anbrechenden Wassermannzeitalter. Durch die Taumelbewegung der Erdachse, die Präzession, wandert der Frühlingspunkt im Laufe von 26 000 Jahren durch alle 12 beziehungsweise 13 Tierkreisbilder. Da man aber das astrologische Sternzeichen, in das die Sonne zu Frühlingsanfang hineinwandert, immer „Widder" nennt, stimmen Sternbilder und Sternzeichen fast nie überein. Zur Zeit liegt beispielsweise das Sternzeichen Widder in den Fischen.

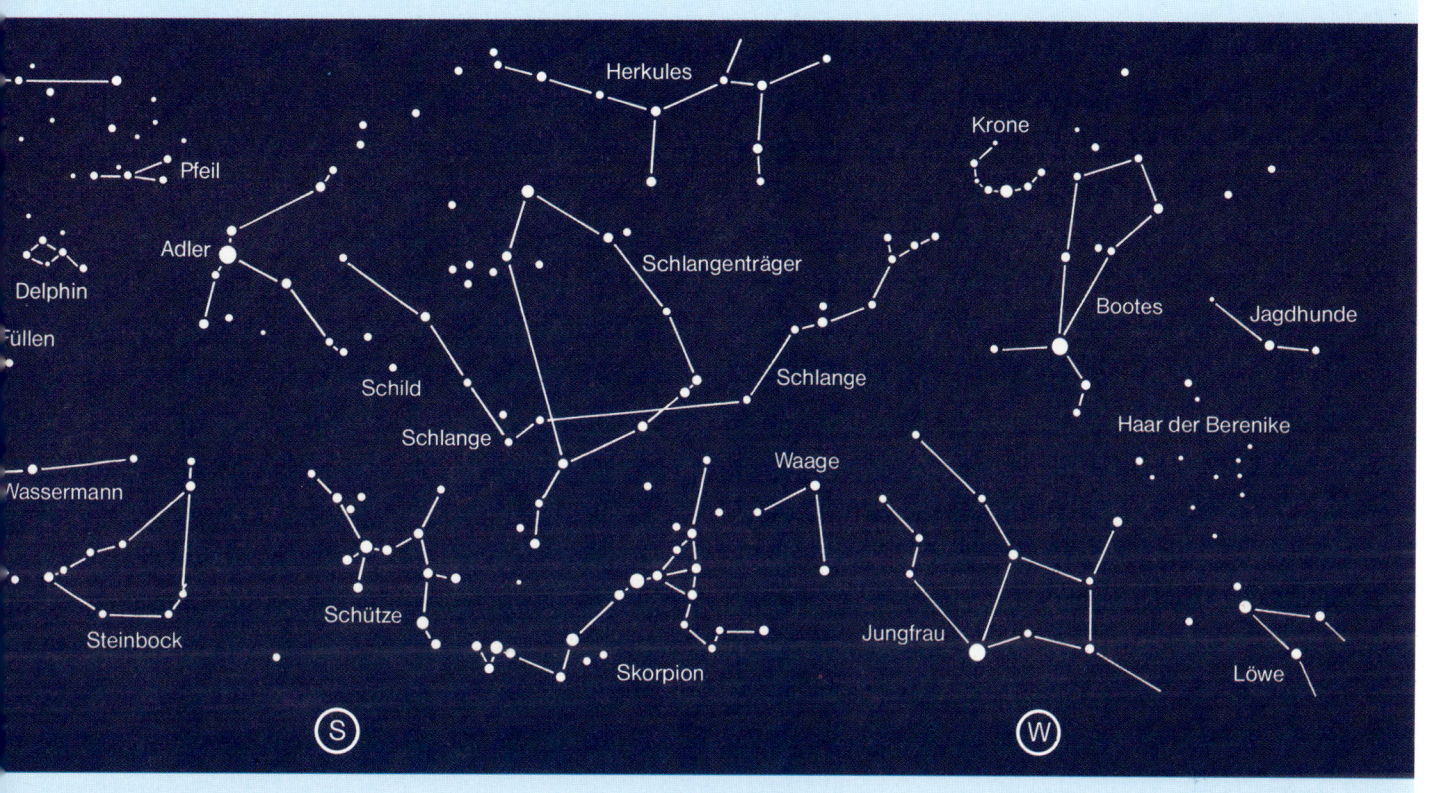

Himmelspanorama August 1. 8. 22 Uhr, 23 Uhr Sommerzeit (1. 5. 4 h, 1. 6. 2 h, 1. 7. 24 h, bei Sommerzeit eine Stunde addieren)

SÜDEN UND WESTEN

Im Süden hat der Schütze seine höchste Stellung erreicht, also das Sternbild, in dem sich das Zentrum des Milchstraßensystems befindet. Antike Erzähler glaubten, im Schützen den weisen Zentauren Chiron zu erkennen. Zentauren waren Fabelwesen, bei denen Roß und Reiter zu einer Einheit verwachsen waren, also Menschen mit Pferdeleib. Sie sollen sich durch Gewalttätigkeit, aber auch durch Hilfsbereitschaft und Gastfreundschaft ausgezeichnet haben. Einer von ihnen, Chiron, soll der Erzieher vieler griechischer Helden und Ärzte gewesen sein. Als Herakles den an sich unsterblichen Chiron versehentlich mit einem Giftpfeil verletzte und die Wunde nicht heilen wollte, bat der leidende Zentaur Zeus um den Tod. Zeus ließ ihn daraufhin sterben und versetzte ihn an den Himmel.

Neben dem Schützen steht der Skorpion, der nun bald sein kurzes Gastspiel am mitteleuropäischen Himmel beendet haben wird. Über diesen beiden südlichsten Tierkreisbildern findet man den Schlangenträger und die Schlange. Auch der Adler, dessen Hauptstern Atair zum Sommerdreieck gehört, steht jetzt über dem südlichen Horizont.

Im Westen gehen die Tierkreisbilder Waage und Jungfrau unter. In dieses Sternbild wird die Sonne kurz vor Herbstanfang am 16. 9. eintreten, so daß es für einige Monate unbeobachtbar bleiben wird. Gut zu sehen sind dagegen noch der Bootes und die Nördliche Krone. Der Bärenhüter, Ochsentreiber oder Bootes steht um 23 Uhr etwa senkrecht und erinnert ein wenig an einen schwebenden Ballon, dessen Gondel durch den rötlichen Stern Arcturus oder Arktur dargestellt wird. Sieht man in dem Sternbild einen Bärenhüter, so versteht man nun, warum er immer hinter dem Großen Bären herlaufen muß. Übersetzt man das Wort „Arktur", so bedeutet dieser Sternname soviel wie „Jäger, der die Bärin im Auge behält". Allerdings bleibt bei uns der Bär längere Zeit hindurch unbewacht. Er kann ja, von Mitteleuropa aus gesehen, nie untergehen, während der Bärenhüter zeitweilig unter dem Horizont steht. Neben dem Bootes findet man die unscheinbaren Sternbilder Haar der Berenike und Jagdhunde, deren günstigste Beobachtungszeit nun vorbei ist.

Der Sternenhimmel im September

Der September ist ein idealer Monat für Himmelsbeobachtungen. Einerseits wird es früh dunkel, da am 23. 9. die Tagundnachtgleiche erreicht wird, andererseits ist es noch warm genug, die eine oder andere Nachtstunde im Freien zu verbringen. Um 22 Uhr MEZ oder 23 Uhr Sommerzeit steht die dominierende Figur des Sommerhimmels fast genau im Süden: Das Sommerdreieck mit Wega in der Leier, Deneb im Schwan und Atair im Adler hat seine höchste Stellung erreicht. Mitten im Sommerdreieck finden geübte Beobachter noch ein weiteres kleines Sternbild, den Pfeil. Die Milchstraße ist, mondlose Nächte und gute Bedingungen vorausgesetzt, nun besonders gut zu sehen, da sie genau durch den Zenit, den höchsten Punkt des Himmels, läuft. Der Delphin, trotz seiner lichtschwachen Sterne ein markantes Sternbild, hat im Süden seine Höchststellung erreicht. Darunter findet man das Tierkreissternbild Steinbock. Spezialisten für südliche Sternbilder können unter sehr günstigen Bedingungen auch einige Sterne des Mikroskops entdecken. Über dem Südwesthorizont steht der Schütze, der bei uns nie große Höhen erreicht und sein kurzes Sommergastspiel bald beendet haben wird. Etwas günstiger ist der Schlangenträger zu beobachten, durch den die Schlange hindurchläuft.

Hoch über dem Westpunkt entdeckt man den Herkules, dessen zentrales Sternenviereck mit einiger Übung leicht gefunden werden kann. Genau auf der rechten Seitenlinie dieses Vierecks steht der prächtige Kugelsternhaufen M 13. Es gehört zu den erhebendsten und unvergeßlichsten Eindrücken, die ein Sternfreund gewinnen kann, dieses Objekt einmal in einem Großteleskop zu beobachten. In den Randgebieten des Sternhaufens sieht man gleichzeitig Hunderte oder gar Tausende von Sonnen, die dicht beieinander stehen. Das Zentrum des Kugelhaufens dagegen kann man nicht in Einzelsterne „auflösen". Die Krone und der Bootes, auch Ochsentreiber oder Bärenhüter genannt, halten sich ebenfalls im Westen auf. Der helle Hauptstern des Bärenhüters, Arktur, geht gerade unter, und mit ihm verabschiedet sich die Himmelsgegend, die man oft „Frühlingshimmel" nennt, für die nächsten Monate. Im Nordwesten läuft der Große Wagen oder Große Bär, den man auch manchmal „Himmelswagen" nennt, seiner niedrigsten Stellung, der unteren Kulmination, entgegen. Sieht man in der Figur einen Wagen, so muß man bei seinem Kreislauf um den Polarstern einen Schönheitsfehler in Kauf nehmen: die Deichsel mit den Pferden ist hinten. Der Himmelswagen ist jedoch nur ein Bestandteil eines viel größeren Sternbildes, des Großen Bären. Die Deichselsterne werden dann zum Schwanz des Tieres, das nun richtig herum, mit dem Kopf nach vorne, über den nördlichen Horizont wandert. Die beiden rechten Hauptsterne des Wagens weisen, wie in jedem Monat, den Weg zum Polarstern im Kleinen Wagen oder Kleinen Bären. Dieses Sternbild steht nun waagerecht und weist nach Westen. Der weite Sternenbogen des Drachens umgibt den Kleinen Wagen und scheint dieses nördlichste aller Sternbilder einzuhüllen.

Im Nordosten steigen nun die Herbststernbilder Perseus und Kassiopeia immer höher. Zwischen diesen beiden Figuren liegt der herrliche Doppelsternhaufen h + χ im Perseus, den man schon mit bloßem Auge sehen kann. Man findet ihn leicht mit einem kleinen Trick: beginnt man das „Himmels-W" zu schreiben und verlängert die durch den 2. und 3. Hauptstern des Buchstabens W gegebene Gerade nach hinten, so trifft man genau auf den Sternhaufen, der mitten in der Milchstraße liegt.

Im Osten dominieren die bekanntesten Herbststernbilder Andromeda und Pegasus. Letzteren bezeichnet man oft auch als „Herbstviereck", das ein Gegenstück zum „Sommerdreieck" und „Wintersechseck" ist. Ober- und unterhalb der Andromeda findet man die beiden Spiralnebel M 31 und M 33, 2 ferne Milchstraßensysteme. Knapp über dem Osthorizont erscheinen die ersten Sterne des Walfischs, über dem die Tierkreissternbilder Fische und Widder stehen. Im Südosten findet man das weitausholende, aber nur aus schwachen Sternen bestehende Tierkreissternbild Wassermann, unter dem gerade der Südliche Fisch mit seinem hellen Hauptstern Fomalhaut aufgegangen ist. Im Südosten sind nun viele Sternbilder versammelt, die etwas mit Wasser zu tun haben. Manchmal bezeichnet man diese Gegend daher auch als „feuchte Ecke" des Himmels.

Sternkarte für den 1. 9. 22 Uhr, 23 Uhr Sommerzeit (1. 7. 2h, 1. 8. 24h, 1. 9. 22h, 1. 10. 20h, 1. 11. 18h, bei Sommerzeit eine Stunde addieren)

Himmelspanorama September

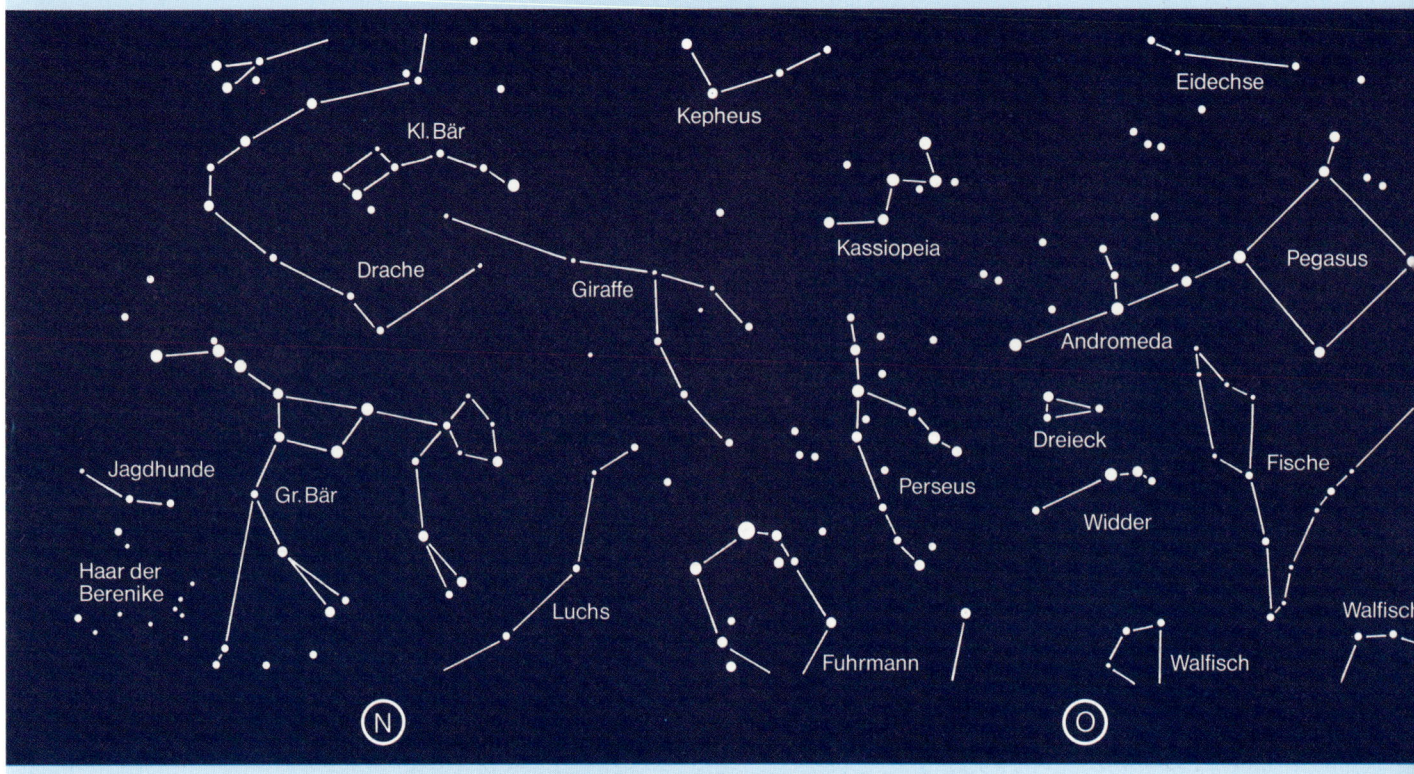

NORDEN UND OSTEN

Im Norden hat der Kopf des Großen Bären gerade seine niedrigste Stellung erreicht. Der Sage nach handelt es sich bei dieser Figur um eine Bärin, die nie im Meer baden durfte. In dieser alten Erzählung steckt die Naturbeobachtung, daß dieses Sternbild nie untergeht, also zirkumpolar ist. Sein Kreis um den Dreh- und Angelpunkt der Himmelsbewegung, den Polarstern, ist so klein, daß es nie den Horizont berühren kann. Der Kleine Wagen oder Kleine Bär, zu dem der Polarstern gehört, steht nun waagerecht und weist genau nach Westen. Während die Sternbilder Luchs und Giraffe, besonders in Großstadtnähe, kaum auffallen, findet man im Nordosten eine eindrucksvolle Ansammlung heller Sterne. Das „Himmels-W", die Kassiopeia, steht nun hoch über dem Horizont. Ihr folgen die Sternbilder Perseus und Fuhrmann. Über dem Osthorizont sind die ersten Sterne des Walfischs erschienen. Darüber steht der Widder, der 3 verhältnismäßig helle Sterne besitzt.

Um dieses kleine Sternbild ranken sich viele Sagen: So sollte der Sohn der Wolkengöttin Nephele, Phrixos, dem Zeus geopfert werden, um eine Dürre zu beenden. Ein Widder mit einem goldenen Vlies soll Phrixos und seine Schwester Helle gerettet haben, indem er die Kinder durch die Lüfte entführte. Das Mädchen Helle stürzte dabei ab. Noch heute erinnert die geographische Bezeichnung für die Absturzstelle „Hellespont" an dieses traurige Ereignis. Der Knabe Phrixos dagegen wurde gerettet, der Widder später als Sternbild an den Himmel versetzt. Während man diesen auch als ungeübter Beobachter recht gut erkennen kann, wird es in unserem dicht besiedelten Land mit seinen Millionen von Straßenlampen und Scheinwerfern kaum möglich sein, die Fische zu finden. Dieses Tierkreisbild erinnert an Venus und Amor, die sich angesichts einer drohenden Gefahr in 2 Fische verwandelt haben sollen.

Hoch über dem Osthorizont erkennt man die wohl bekanntesten Herbststernbilder Andromeda und Pegasus. Das Herbstviereck, wie man den Pegasus auch nennt, steht nun auf einem seiner 4 Ecksterne, deren linker streng genommen schon zur Andromeda gehört. Zwischen Andromeda und Widder steht das kleine Sternbild Dreieck.

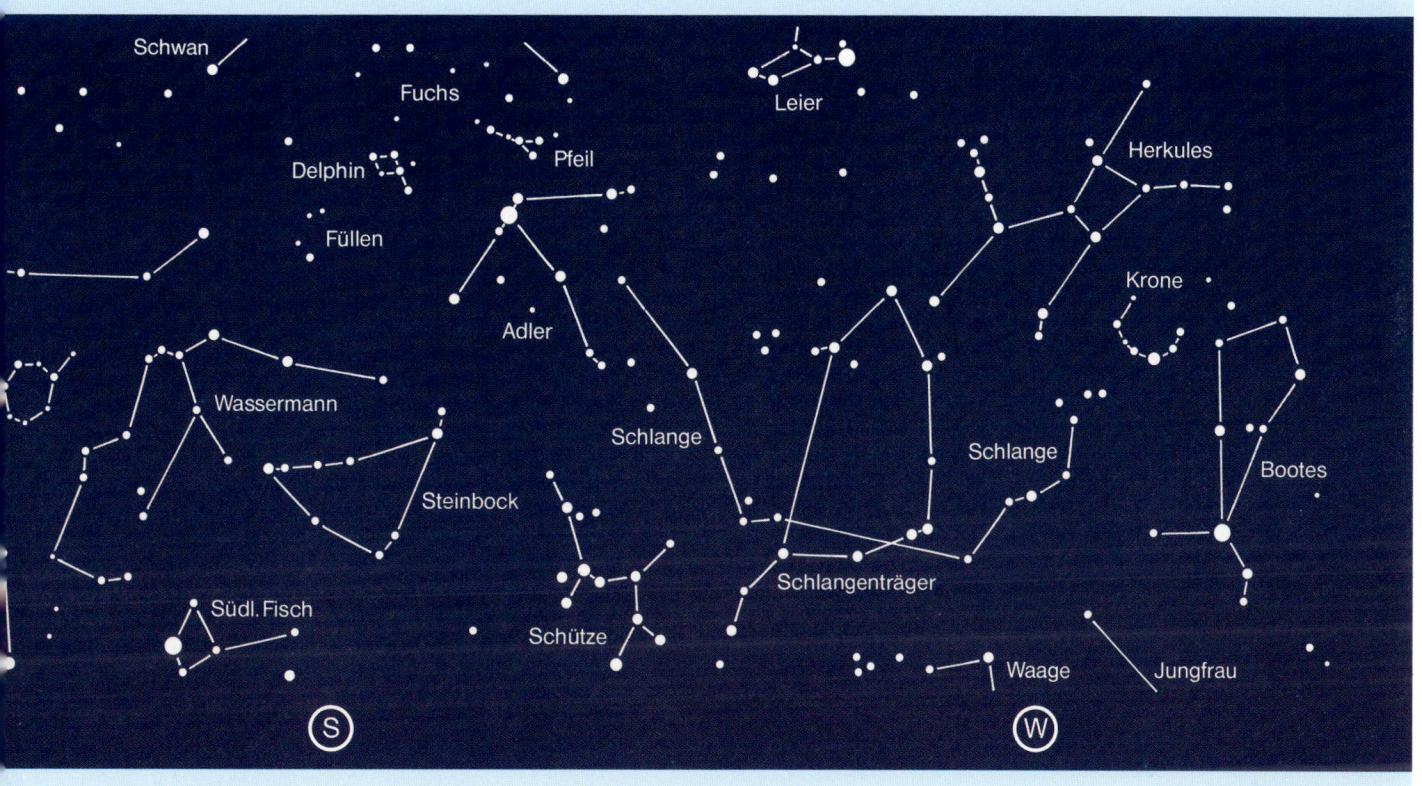

Himmelspanorama September 1. 9. 22 Uhr, 23 Uhr Sommerzeit (1. 7. 2 h, 1. 8. 24 h, 1. 10. 20 h, 1. 11. 18 h, bei Sommerzeit eine Stunde addieren)

SÜDEN UND WESTEN

Im Südosten ist eines der am längsten bekannten Sternbilder, der Wassermann, aufgegangen. Durch dieses Tierkreisbild wanderte die Sonne früher hindurch, als die Regenzeit im Vorderen Orient ihren Höhepunkt erreichte. Oft wird dieses Sternbild auch mit der immer wieder auftauchenden Sintflutsage in Zusammenhang gebracht. Unter dem Wassermann findet man den Südlichen Fisch mit seinem hellen Hauptstern Fomalhaut, was soviel wie „Maul des Fisches" heißt. Wie fast alle Sternnamen kommt das Wort Fomalhaut aus dem Arabischen, während wir die meisten Sternbildernamen den alten Griechen verdanken, auch wenn sie heute ins Lateinische und Deutsche übersetzt sind. Der Südliche Fisch soll übrigens, bevor er an den Himmel versetzt wurde, die ägyptische Göttin Isis vor dem Ertrinken gerettet haben.

Das Tierkreissternbild Steinbock hat nun fast seine höchste Stellung im Süden erreicht. In dieses Tier soll sich der Waldgott Pan verwandelt haben, um einer Bedrohung zu entgehen. Andere Sagen sehen im Steinbock einen „Ziegenfisch". Die Vorliebe unserer Vorfahren für solche Zwitterwesen muß unersättlich gewesen sein!

Während der Schütze sein kurzes Gastspiel am mitteleuropäischen Sommerhimmel beendet, steht der Adler um 22 Uhr MEZ genau über dem Südpunkt. Sein Hauptstern Atair, dessen Name auch aus dem Arabischen kommt und „Fliegender Adler" bedeutet, gehört zum Sommerdreieck, das in dieser Panoramadarstellung nicht vollständig gezeigt werden kann. Im Südwesten verabschiedet sich das große Sternbild Schlangenträger. Darüber steht die Leier mit der hellen Wega, einem weiteren Eckstern des Sommerdreiecks. Im Westen geht gerade der Bärenhüter oder Bootes unter, dem die Nördliche Krone folgt. Der Herkules steht hoch über dem Westpunkt, während die Tierkreissternbilder Waage und Jungfrau in den Lichtfluten der Sonne verschwinden, die vom 16. 9. bis 30. 10. in der Jungfrau steht; sie kann dann natürlich nicht am Nachthimmel beobachtet werden.

Der Sternenhimmel im Oktober

Tief im Süden, knapp über dem Horizont, hat Formalhaut, der Hauptstern des Südlichen Fisches, die Kulmination, also seine Höchststellung, erreicht. Er gehört mit seiner Entfernung von 25 Lichtjahren zu unseren näheren Nachbarn im Weltall und leuchtet in Wirklichkeit 15mal heller als unsere Sonne, die um 22 Uhr längst untergegangen ist und nun von Tag zu Tag niedriger steht und kürzer scheint. Über dem südlichen Fisch findet man das große Tierkreissternbild des Wassermanns, das keine sehr auffälligen Sterne besitzt. Im Südwesten erkennt man ein weiteres Tierkreisbild, den Steinbock, der ebenfalls am meist aufgehellten mitteleuropäischen Himmel kaum auffällt. Das Sommerdreieck mit Wega in der Leier, Deneb im Schwan und Atair im Adler ist auch im Herbst noch gut zu erkennen. Es steht um 22 Uhr im Südwesten. Mitten durch dieses große Dreieck läuft die Milchstraße hindurch, die wie eine silberne Brücke, ausgehend vom Südwesten über den Zenit hinweg bis hin zum Nordosten, den Himmel überspannt. Besonders in den zenitnahen Teilen des Milchstraßenbandes kann man im Feldstecher leicht Tausende von Einzelsternen erkennen, lauter ferne Sonnen, die vielleicht auch Planeten wie unsere Erde haben. Im Westen, der Himmelsrichtung, in der Sonne und Sterne untergehen, verabschiedet sich nun der Schlangenträger, der uns durch die kurzen Sommernächte begleitet hat. Etwas höher steht der Herkules, während Bootes und Krone kaum noch im Horizontdunst zu erkennen sind. Im Norden hat der große Wagen oder Große Bär seine niedrigste Stellung erreicht. Wie in jedem Monat muß man, um den Himmel über dem Nordhorizont zu simulieren, die Sternkarte auf den Kopf stellen. Die beiden rechten Wagensterne weisen dann senkrecht nach oben und zeigen uns die Richtung zum Polarstern im Kleinen Wagen oder Kleinen Bären. Westlich von diesem nördlichsten aller Sternbilder steht der Drache, der den Kleinen Wagen einhüllt. Im Nordosten ist das markante Fünfeck des Fuhrmanns zu sehen, durch das die Milchstraße hindurchläuft. Das „Himmels-W", die Kassiopeia, hat fast seine höchste Stellung erreicht, während das unscheinbare Sternbild Kepheus genau im Zenit steht.

Im Osten ist nun der Stier mit seinem V-förmigen Kopf und seinem roten Hauptstern Aldebaran erschienen. Wie Beteigeuze und Antares gehört dieser Stern zu den roten Riesen, also den Sonnen, die bereits im Todeskampf stehen. Die anderen Sterne des Stierkopfs bilden einen 130 Lichtjahre entfernten Sternhaufen mit 150 Mitgliedern, die Hyaden. Der schönste Sternhaufen im Stier ist jedoch das Siebengestirn, das man offiziell die Plejaden nennt. Über dem Stier, der zu den Tierkreissternbildern gehört, steht der Perseus. In ihm liegt der herrliche Doppelsternhaufen h + χ, aber auch sonst ist dieses Sternbild reich an interessanten Objekten. Der Stern Algol beispielsweise ist ein bekannter Bedeckungsveränderlicher. 2 Sterne kreisen in 2,87 Tagen umeinander und bedecken sich dabei immer wieder teilweise gegenseitig. Besonders wenn der hellere der beiden Partner abgedeckt wird, fällt das Licht des Sternpaares, das man nur als einen Lichtpunkt sieht, deutlich ab, eine Erscheinung, die mit bloßem Auge zu erkennen ist.

Im Südosten ist nun der Walfisch aufgegangen, der den wohl bekanntesten aller Veränderlichen, Mira, enthält. Ihr Licht schwankt mit einer Periode von 332 Tagen sehr stark. Einmal gehört sie zu den hellsten Sternen des Herbsthimmels, dann wieder benötigt man ein Fernrohr, um sie aufzufinden. Der Lichtwechsel von Mira kommt durch ein Pulsieren, also ein periodisches Aufblähen und Zusammensinken des Sterns, zustande.

Hoch über dem Walfisch haben sich die klassischen Herbststernbilder versammelt. Die Fische sind dort ebenso zu finden wie die kleinen Sternbilder Widder und Dreieck. Das Herbstviereck, der Pegasus, hat nun fast seine Höchststellung erreicht. Ihm schließt sich die Sternenkette der Andromeda an, in der man mit bloßem Auge den Andromedanebel M 31, ein fernes Milchstraßensystem, erkennt. Der irreführende Name dieses Objekts ist historisch begründet: Früher glaubte man, in der Andromeda eine echte Nebelwolke erblickt zu haben, also ein ähnliches Gebilde wie den „Orionnebel", der zu Recht so heißt.

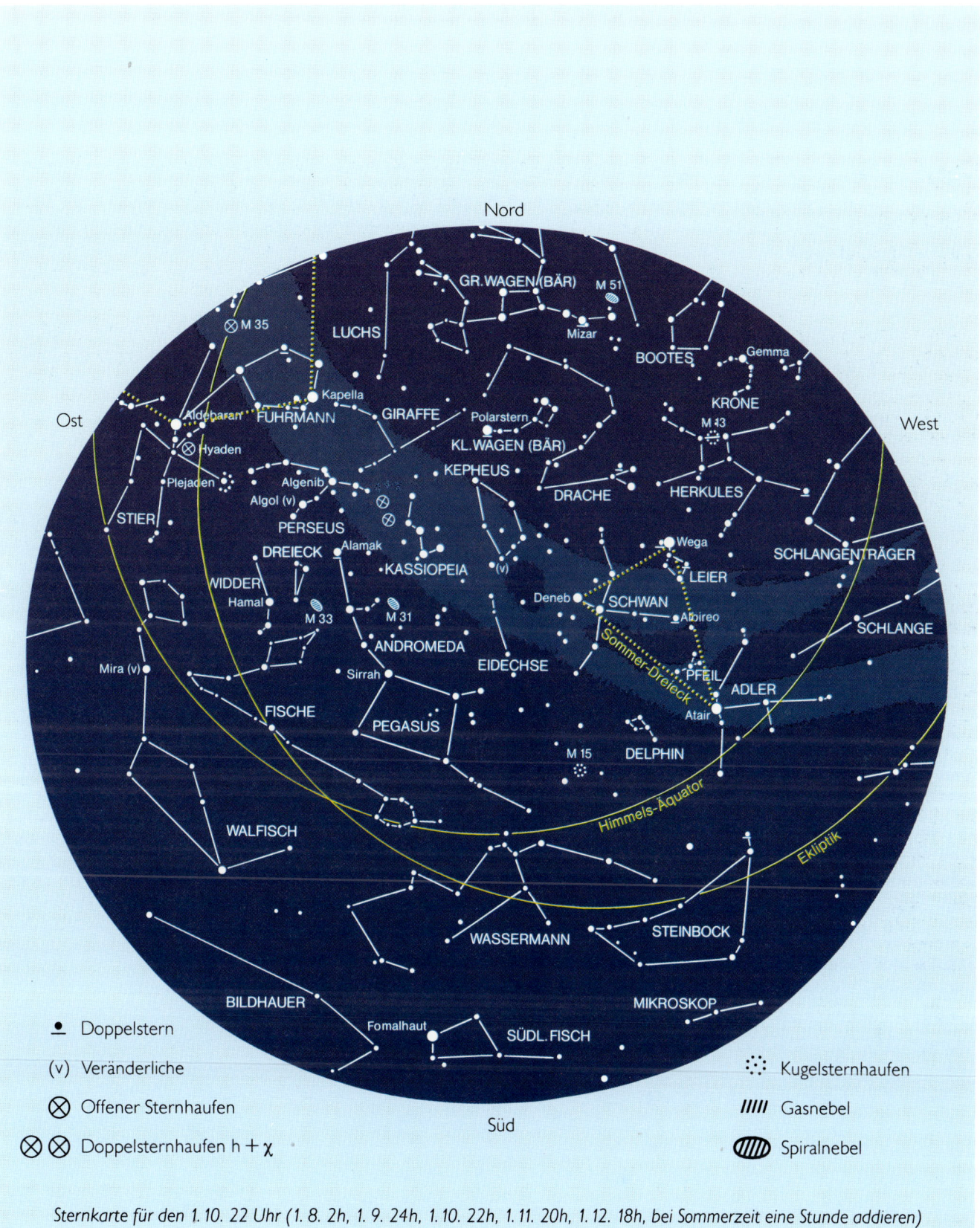

Sternkarte für den 1.10. 22 Uhr (1. 8. 2h, 1. 9. 24h, 1. 10. 22h, 1. 11. 20h, 1. 12. 18h, bei Sommerzeit eine Stunde addieren)

Himmelspanorama Oktober

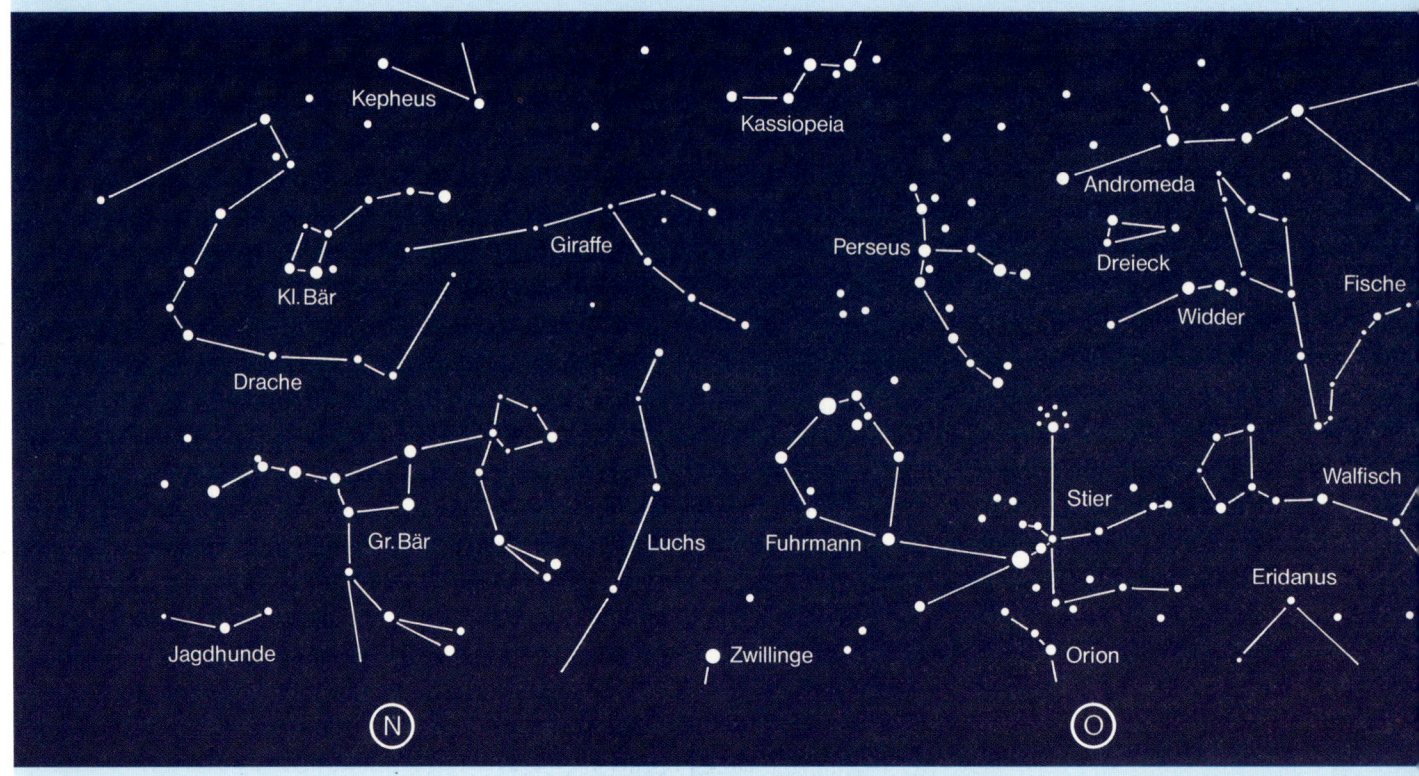

NORDEN UND OSTEN

Über dem nördlichen Horizont hat der Große Wagen oder Große Bär seine niedrigste Stellung erreicht. Die alten Griechen sahen in diesem Sternbild, wie schon erwähnt, eine Bärin, die nie baden, also nie in den Fluten des Meeres versinken durfte, aber die 7 „Wagensterne" wurden auch ganz anders gedeutet. Die Ägypter sahen im eigentlichen Wagen einen Sarg, die Deichsel wurde als eine Gruppe von 3 Klageweibern angesehen, die dem Toten folgten. Auch wurden die 7 Hauptsterne des Großen Bären im Altertum oft als die 7 Zug- oder Dreschochsen, „septem triones", bezeichnet. Die beiden rechten Wagensterne weisen uns allmonatlich den Weg zum Polarstern im Kleinen Wagen oder Kleinen Bären.

Im Nordosten künden die Sternbilder Stier und Fuhrmann den nicht mehr fernen Winterhimmel an, während hoch über dem Osthorizont die Herbststernbilder Perseus, Widder, Dreieck und Andromeda stehen. Der Sage nach war Kassiopeia, die Mutter der Andromeda und Gattin des Kepheus, eine eitle Königin. Eines Tages verglich sie ihre Schönheit mit der der Nereiden, den Töchtern des Meeresgottes Nereus, den wir an anderer Stelle schon kennengelernt hatten. Dies erboste Poseidon so sehr, daß er in das Land der Kassiopeia ein furchtbares Meerungeheuer sandte, das grauenvolle Verwüstungen und Sturmfluten erzeugte. Das Untier sollte einem Orakelspruch zufolge das gequälte Land erst verlassen, wenn ihm die Königstochter Andromeda geopfert würde. Die Prinzessin wurde daraufhin mit Ketten an einen Felsen im Meer geschmiedet und dem Seeungeheuer zum Fraß vorgeworfen. In letzter Sekunde wurde sie dann von Perseus gerettet, der sie später auch heiratete. Im Herbst findet man die ganze Königsfamilie am Himmel: Das junge Paar Perseus und Andromeda ist dort ebenso zu finden wie die eitle Königin Kassiopeia und ihr Gatte Kepheus. Das Meerungeheuer darf natürlich nicht fehlen, auch wenn es bei uns jetzt „Walfisch" heißt. Im Herbst taucht es als Sternbild aus den Fluten auf, während Kassiopeia als Strafe für ihre Eitelkeit nie mehr baden darf, also nie untergeht.

Himmelspanorama Oktober 1.10. 22 Uhr (1. 8. 2 h, 1. 9. 24 h, 1. 11. 20 h, 1. 12. 18 h)

SÜDEN UND WESTEN

Im Süden findet man jetzt die Sternbilder, in denen die Sonne in den kältesten Wintermonaten stehen wird, den Steinbock und den Wassermann. Unter diesen Tierkreisbildern erkennt man den Südlichen Fisch. Sein Hauptstern Fomalhaut ist eines der südlichsten Gestirne, die man mit bloßem Auge sehen kann.

Den Delphin hatten wir bereits im Zusammenhang mit der Leier-Sage kennengelernt. Einer anderen Erzählung zufolge soll er von Poseidon an den Himmel versetzt worden sein, weil er dem Meeresgott seine Geliebte Amphitrite brachte, die sich vor ihm versteckt hatte. Links neben dem Delphin steht das unscheinbare Sternbild Füllen. Es war schon den Babyloniern unter diesem Namen bekannt. Die Griechen glaubten, das Tier sei ein Geschenk von Hermes an Kastor gewesen. Hoch über dem Südwesthorizont stehen die Sternbilder des Sommerdreiecks Leier, Schwan und Adler. Mitten in diesem großen Dreieck findet man den Pfeil. Auch dieses kleine Sternbild hat natürlich seine Geschichte: So soll Herkules mit diesem nun an den Himmel versetzten Pfeil den Adler getroffen haben, der an der Leber des Prometheus herumhackte. Bekanntlich hatte dieser den Göttern das Feuer gestohlen und es den Menschen gebracht, wofür er dann bestraft wurde. Der Held dieser alten Sage, Herakles oder Herkules, steht selbst als Sternbild am Himmel. Genau über dem Westpunkt kann man es um 22 Uhr noch leicht auffinden, auch wenn seine beste Beobachtungsperiode jetzt vorbei ist. Von 3 weiteren Sternbildern müssen wir uns nun ebenfalls für einige Monate verabschieden: der Schlangenträger, der Bootes und die Krone gehen gerade im Westen unter. Dasselbe gilt für die letzten Sterne des Schützen, den die Sonne etwa zu Winteranfang, nämlich am 18.12. erreichen wird. Sie wird dann dieses Sternbild und sein Umfeld, zu dem auch der Schlangenträger gehört, überstrahlen und unbeobachtbar machen.

Der Sternenhimmel im November

Im Süden sind nun alle typischen Herbststernbilder versammelt. Die Fische, in denen die Sonne zu Frühlingsanfang steht, sind jetzt im Herbst besonders gut zu beobachten und erreichen Anfang November um 22 Uhr ihre Höchststellung. Leider besitzt dieses symbolträchtige und sehr bekannte Tierkreissternbild nur sehr schwache Sterne, aber man darf nicht vergessen, daß es vor rund 3000 Jahren, als die Sternbilder ihre Namen erhielten, noch keine Autoscheinwerfer, Straßenlampen und Umweltbelastungen globalen Ausmaßes gab, so daß auch die Fische deutlich zu erkennen waren.

Hoch über dem Südpunkt hat die Andromeda ihren höchsten Stand erreicht. Der Andromedanebel M 31, ein fernes Milchstraßensystem mit schätzungsweise 400 Milliarden Sonnen, steht fast genau im Zenit und ist unter günstigen Bedingungen sehr leicht mit dem bloßen Auge zu erkennen. In Großstadtnähe hilft ein Feldstecher, dieses interessante Objekt zu finden, dessen volle Schönheit jedoch erst auf lange belichteten Astrofotografien zur Geltung kommt. Es lohnt sich aber, den Andromedanebel zu suchen, schon allein, um einmal Licht zu sehen, das 2 Millionen Jahre lang zu uns unterwegs war.

Das große Herbstviereck, der Pegasus, hat gerade seine höchste Stellung überschritten. Am rechten westlichen Ende des Sternbildes findet man mit dem Fernglas leicht den Kugelsternhaufen M 15. Im Südwesten erkennt man den Wassermann, unter dem der Südliche Fisch gerade sein kurzes Gastspiel am mitteleuropäischen Himmel beendet. Genau über dem Westpunkt verabschieden sich nun endgültig die Sommersterne. Noch ist allerdings das komplette Sommerdreieck mit Wega in der Leier, Deneb im Schwan und Atair im Adler gut zu erkennen. Mitten in diesem großen Dreieck steht der Pfeil, daneben der Delphin. Besonders reizvoll ist in diesem Monat der Verlauf der Milchstraße. Ihr silbernes Sternenband verbindet den Ostpunkt mit dem Westpunkt, wobei es genau durch den Zenit läuft. Im Nordwesten geht gerade der Herkules unter, das gleiche gilt für die letzten Sterne der Schlange und des Schlangenträgers.

Im Norden durchlaufen die Deichselsterne des Großen Wagens oder Großen Bären gerade ihre niedrigste Stellung, während der eigentliche Wagen schon wieder emporzusteigen beginnt. Seine beiden rechten Sterne weisen uns den Weg zum Polarstern im Kleinen Wagen oder Kleinen Bären, wenn man, um den nördlichen Himmel zu simulieren, die Sternkarte auf den Kopf gestellt hat. Zwischen den beiden Bären findet man den Schwanz des Drachens, dessen Kopf nach Westen weist. Immer wenn bei der 24stündigen Drehung der Sterne um den scheinbar ruhenden Polarstern der Große Bär ganz unten steht, erreicht die Kassiopeia ihre Höchststellung, die sie in unmittelbare Zenitnähe führt.

Besonders schön ist am späten Abend der Himmel über dem Osthorizont. Die dominierende Figur des Winterhimmels, der Orion, ist gerade aufgegangen. Das gleiche gilt für die Zwillinge, während Stier und Fuhrmann bereits etwas höher stehen. Zwischen diesen beiden Sternbildern und der Kassiopeia leuchten die Sterne des Perseus, dessen prächtigstes Objekt, der Doppelsternhaufen h + χ, nun fast im Zenit steht. Besonders im Fernglas bietet der Sternhaufen einen herrlichen Anblick, der durch die ihn umgebenden Milchstraßensterne noch bereichert wird. Neben dem Orion und unterhalb des Stiers findet man einige Sterne des Eridanus, der sich noch weit in den südlichen Teil des Himmels hinein fortsetzt. Wie der längst untergegangene Skorpion gehört der Fluß Eridanus zu den Sternbildern, die von Deutschland aus nur teilweise zu beobachten sind.

Im Südosten steht der Walfisch, dessen veränderlicher Stern Mira manchmal gar nicht, dann wieder sehr gut mit dem bloßen Auge beobachtet werden kann. Über diesem Sternbild, das man auch oft Cetus nennt, erkennt man den Widder und das Dreieck, darunter findet man einige Sterne des Fornax.

Insgesamt gesehen eignet sich der Himmel über dem Südosthorizont zur Zeit besonders gut für einen „Spaziergang" mit dem Fernglas. Die Sternhaufen Hyaden, Plejaden und h + χ, aber auch die Galaxien M 31 und M 33 laden dazu ein, während der berühmte Crabnebel M 1, der Rest einer Sternexplosion vor rund 1000 Jahren, größeren Instrumenten vorbehalten bleibt.

Sternkarte für den 1.11. 22 Uhr (1. 8. 4h, 1. 9. 2h, 1. 10. 24h, 1. 11. 22h, 1. 12. 20h)

Himmelspanorama November

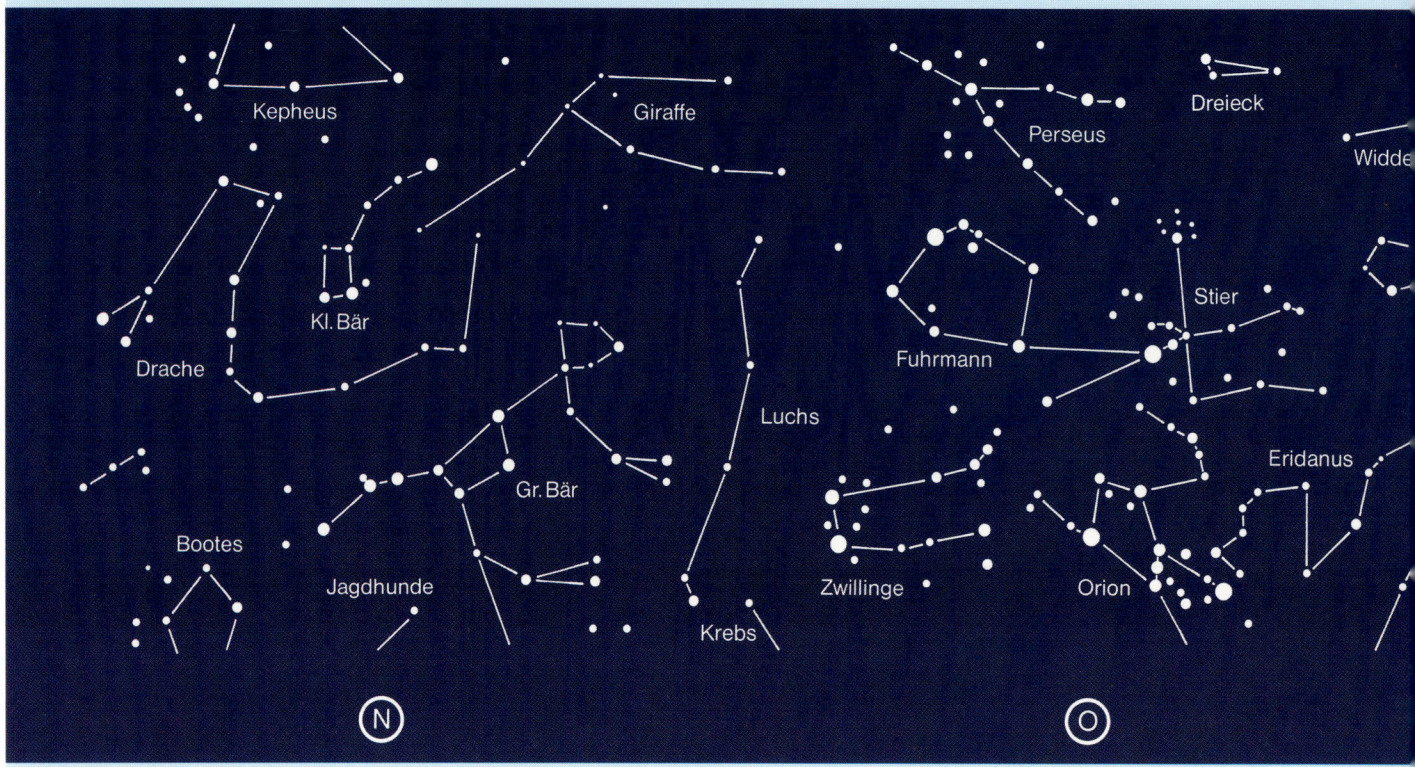

NORDEN UND OSTEN

Über dem Nordhorizont durchläuft die Deichsel des Großen Wagens gerade ihre niedrigste Stellung, die untere Kulmination. Sieht man in diesem bekanntesten Sternbild des nördlichen Himmels einen Großen Bären, wie es die alten Griechen taten, so wird die Wagendeichsel zum Schwanz des Tieres, dessen Kopf nur aus ganz lichtschwachen Sternen besteht, die in der Großstadt kaum auffallen. Der Bär durfte der Sage nach nie baden; wirklich geht er ja bei seiner rastlosen Umkreisung des Polarsterns nie unter, versinkt also, von einer Insel aus gesehen, nie im Meer. Teile dieses Sternbildes tun dies zwar vom Ursprungsland dieser Erzählung aus gesehen heutzutage, man darf aber nicht vergessen, daß der Große Bär vor Jahrtausenden noch näher als heute beim Himmelspol stand, der damals nicht mit dem heutigen Polarstern zusammenfiel. Zwischen dem Kleinen Bären, in dem dieser Polarstern zu finden ist, und dem Großen Bären schlängelt sich der Drache hindurch. Dieses Sternbild ist ebenfalls zirkumpolar, geht also nie unter.

Im Osten beginnen die Wintersternbilder den Herbsthimmel abzulösen. Die Zwillinge mit Kastor und Pollux gehören ebenso dazu wie der Orion. Darüber findet man 2 eng miteinander verbundene Figuren, das Fünfeck des Fuhrmanns und den Stier. Im Wagenlenker oder Fuhrmann erkannte man früher oft den bösen Myrtilos. Dieser war von Pelops bestochen worden, vor einem Wagenrennen die Räder am Wagen seines Gegners, eines Königs, zu lockern, so daß der König unterlag und sich wegen dieser Schmach ins Meer stürzte.

Eine viel edlere Sagengestalt ist da schon der Perseus, der Retter der Prinzessin Andromeda, neben dem man das kleine Sternbild des Dreiecks findet. In dieser Figur sieht man oft eine Darstellung des Nildeltas und eine Symbolfigur für die alexandrinische Wissenschaft. Das Sternbild geht also auf ägyptische Überlieferungen zurück. Neben dem Dreieck steht der Widder, unter dem der Kopf des Walfisches und einige Sterne des Eridanus zu finden sind, dessen Hauptstern für uns in Mitteleuropa allerdings immer unter dem Horizont steht.

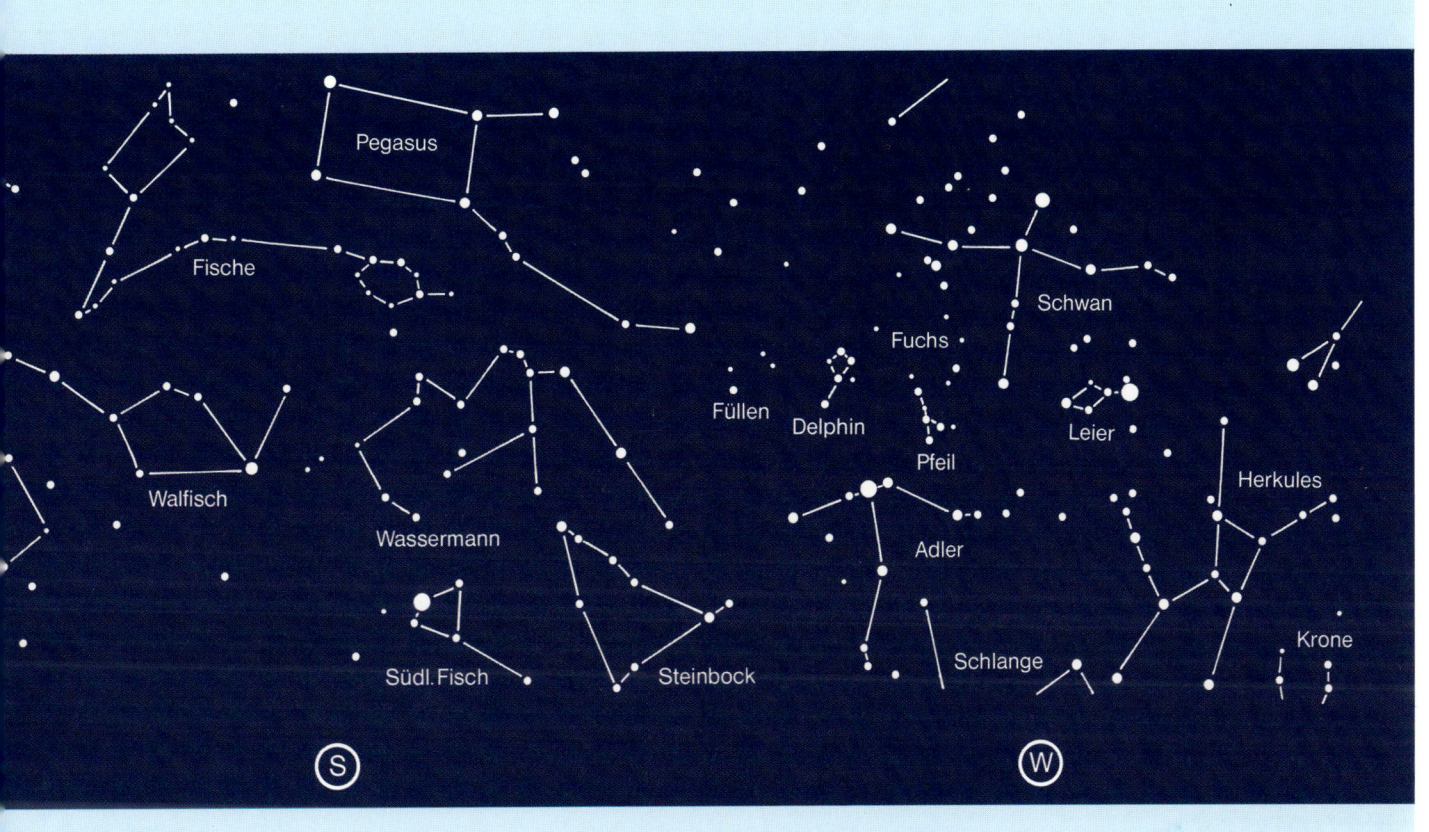

Himmelspanorama November 1.11. 22 Uhr (1. 8. 4 h, 1. 9. 2 h, 1. 10. 24 h, 1. 12. 20 h)

SÜDEN UND WESTEN

Gemessen an der Sternenpracht über dem Osthorizont ist der Süden fast sternleer. Der einzige helle Stern in dieser Richtung, Fomalhaut im Südlichen Fisch, steht so niedrig, daß sein Licht im Horizontdunst ertrinkt. Die Sternbilder Walfisch, Wassermann und Fische treten am meist aufgehellten mitteleuropäischen Himmel kaum hervor, so daß man schon bis zum Herbstviereck oder Pegasus emporblicken muß, um auffällige Sterne zu sehen. Unter diesem großen Quadrat und dem Sternenkranz im Westteil der Fische befindet sich eine der wichtigsten Stellen des gesamten Himmels, der Frühlingspunkt, in dem die Sonne am 21. 3. steht. Dies ist auch der Grund, warum man die Sterne dieser Himmelsgegend nie im Frühling, aber jetzt im Herbst beobachten kann.

Im Südwesten geht das Tierkreissternbild Steinbock unter, das von der Sonne im Januar erreicht wird. Der sternarme Süden wird von 2 sternreichen Gebieten im Osten und Westen flankiert. Während über dem Osthorizont die Winterbilder emporsteigen, gehen im Westen die Sommersterne unter, also die Sterne, in deren Nähe die Sonne im Winter stehen wird. Man kann um 22 Uhr allerdings noch das ganze Sommerdreieck mit Wega in der Leier, Deneb im Schwan und Atair im Adler erkennen. Der Schwan scheint dabei auf der Milchstraße ins Winterquartier nach Süden zu fliegen. Eine Gruppe kleiner Sternbilder folgt dem Sommerdreieck, nämlich Pfeil, Füllen, Delphin und Fuchs. Letzterer ist allerdings nur ein Füchschen und kaum zu erkennen. Offiziell heißt das kleine, erst im 17. Jahrhundert eingeführte Sternbild auch Vulpecula oder Füchschen.

Zu erwähnen ist noch der Herkules, zu dem der Drachenkopf weist. Die beiden antiken Helden Herkules und Orion scheinen sich am Himmel immer gegenseitig abzulösen. Geht der eine auf, so verschwindet der andere unter dem Horizont. wobei allerdings die oberen Partien des Herkules in Mitteleuropa zirkumpolar sind, also nie untergehen.

Der Sternenhimmel im Dezember

Während im Osten die ganze Pracht des sternreichen Winterhimmels aufgegangen ist, herrscht im Süden, mit dem wir auch in diesem Monat beginnen wollen, gähnende Leere. Das kommt natürlich nicht von ungefähr: die Himmelsgegend über dem Südhorizont ist weit vom Band der Milchstraße entfernt. Blickt man zur Zeit nach Süden, so schaut man etwa senkrecht aus der Milchstraßenscheibe heraus und sieht wenige Sterne unserer eigenen Galaxie und damit auch wenige helle Gestirne. Genau über dem Südpunkt erkennt man einige Sterne des „Chemischen Ofens", eines Sternbildes, das man auch Fornax nennt und das sich erst in der Neuzeit in den Kreis der offiziellen Sternbilder eingereiht hat. Darüber steht der Walfisch mit seinem veränderlichen Stern Mira, was soviel wie die „Wunderbare" heißt. Hoch über dem Südpunkt haben Widder und Dreieck ihre Höchststellung erreicht, während die Fische im Südwesten ihre Kulmination gerade überschritten haben. Neben diesem unscheinbaren Ekliptik- oder Tierkreissternbild findet man immer noch in großer Höhe die Hauptfiguren des Herbsthimmels, Andromeda und Pegasus. Die beiden fernen Galaxien M 31 und M 33 stehen nahe dem Zenit und können leicht aufgefunden werden. Während dies beim Andromedanebel M 31 mit dem bloßen Auge möglich ist, benötigt man für M 33 ein Fernglas. Im Südwesten geht gerade der Wassermann unter, über dem Westpunkt findet man noch Reste des scheidenden Sommerhimmels: der Schwan oder das Kreuz des Nordens steht jetzt genau senkrecht, die Leier mit der hellen Wega ist ebenfalls noch voll zu sehen, während der Adler im Horizontdunst kaum noch zu erkennen ist. Fortgeschrittene Beobachter können noch den Delphin und die viel höher stehende Eidechse aufsuchen.

Über dem Nordhorizont erkennt man die letzten Sterne des teilweise untergegangenen Herkules. Der Polarstern steht wie immer genau über dem Nordpunkt. Seine kleine Abweichung vom Himmelspol fällt für die Beobachtung mit dem bloßen Auge kaum ins Gewicht. Er gehört zum Kleinen Wagen oder Kleinen Bären, der im Dezember um 22 Uhr senkrecht nach unten weist. Das gleiche gilt für den Kopf des Drachens, der den Kleinen Wagen umschlingt. Der Große Wagen oder Große Bär hat jetzt endgültig seine niedrigste Stellung überschritten und steigt in den nun folgenden Dezembernachtstunden immer höher. Hoch über dem mitteleuropäischen Horizont, nahe dem Zenit, steht die Kassiopeia, das „Himmels-W", das in seiner jetzigen Stellung auf dem Kopf steht, also eigentlich ein „Himmels-M" ist.

Die interessanteste Himmelsgegend findet man zur Zeit über dem Osthorizont. Das gesamte Wintersechseck mit Sirius im Großen Hund, Rigel im Orion, Aldebaran im Stier, Kapella im Fuhrmann, dem Zwillingspaar Kastor und Pollux und Prokyon im Kleinen Hund ist nun aufgegangen. Neben dem uns unzugänglichen Bereich um die Sternbilder Kreuz des Südens und Centaurus ist das Wintersechseck wohl die schönste Himmelsgegend überhaupt. Schon mit bloßem Auge kann man dort eine ungewohnte Vielfalt heller und hellster Sterne genießen, durch die auch das Band der Milchstraße hindurchläuft. Besonders reizvoll ist jedoch ein „Sparziergang" mit dem Feldstecher. Herrliche Sternhaufen wie M 35 in den Zwillingen und die leicht mit bloßem Auge erkennbaren Plejaden und Hyaden im Stier kommen dann ebenso ins Blickfeld des Fernglases wie der berühmte Orionnebel M 42, in dem noch heute neue Sonnen und Sonnensysteme entstehen, bei dem wir also sozusagen in die Werkstatt der Schöpfung blicken. Ganz besonders günstig steht der Doppelsternhaufen h + χ im Perseus, der nahe dem Zenit seine Höchststellung erreicht hat. Für Sternbeobachtungen sind übrigens Ferngläser sehr geeignet, deren Objektivlinsen einen großen Durchmesser haben. Es kann so besonders viel Licht eingefangen und in Ihr Auge gelenkt werden.

Unter dem Himmelsjäger Orion ist nun auch wieder der Hase erschienen. Rechts vom Wintersechseck reißt in östlicher Richtung die Sternenpracht schlagartig ab. Der Fluß Eridanus mit seinen schwachen Sternen sorgt im Südosten kaum für Abwechslung. Das Beste, was dieses lange Sternenbild zu bieten hat, ist sein heller Hauptstern Achernar, was soviel wie Ende des Flusses heißt, doch dieser bleibt für uns immer unter dem Horizont. Ähnlich wie der Skorpion und das Schiff Argo gehört der Eridanuns zu den Sternbildern, die bei uns nie voll zu sehen sind.

Sternkarte für den 1.12. 22 Uhr (1.9. 4h, 1.10. 2h, 1.11. 24h, 1.12. 22h, 1.1. 20h)

Himmelspanorama Dezember

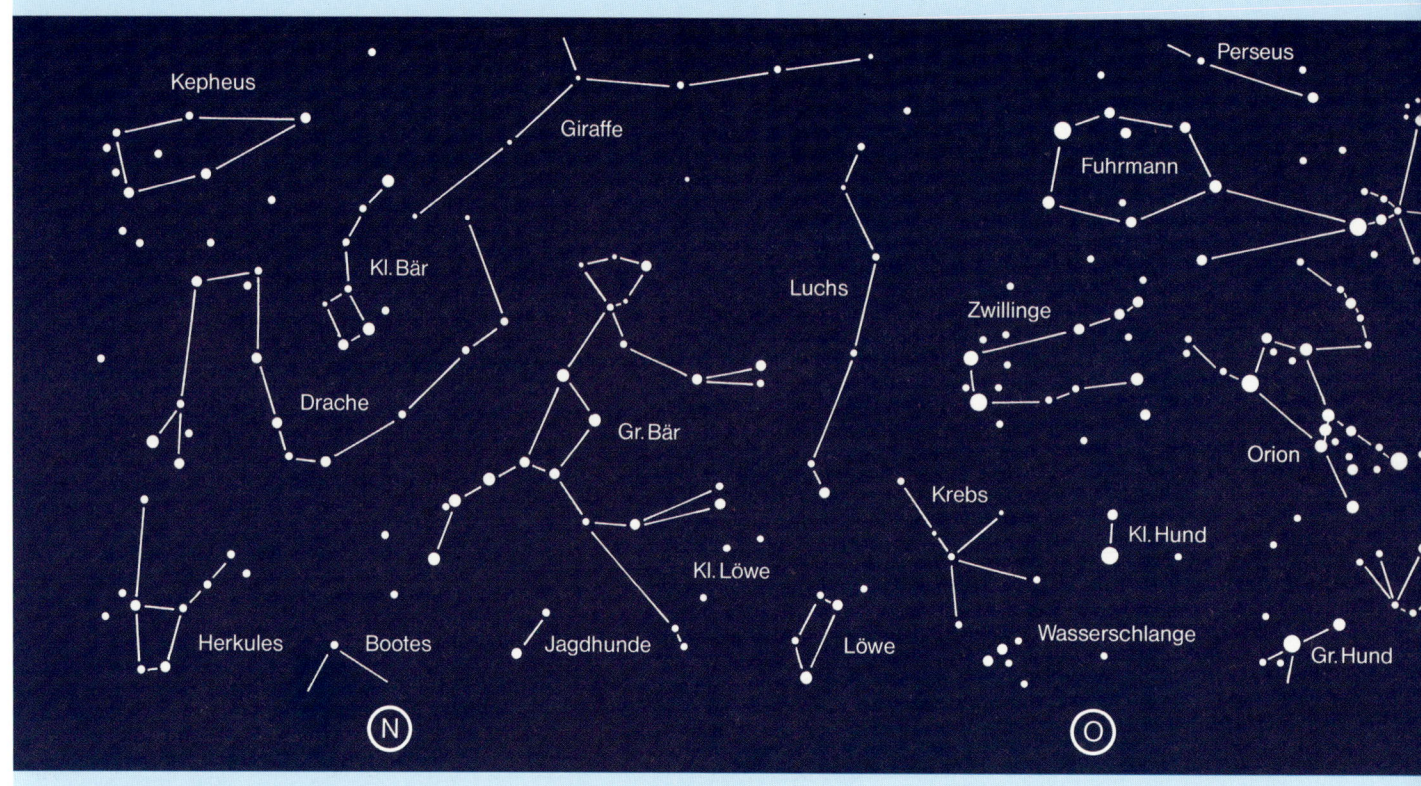

NORDEN UND OSTEN

Im ewigen Kreislauf um den scheinbar ruhenden Polarstern im Kleinen Bären hat das bekannteste nördliche Sternbild, der Große Bär, dessen Hauptsterne den Großen Wagen bilden, seinen niedrigsten Punkt überschritten. Der Kleine Bär und der Kopf des Drachens weisen nun senkrecht nach unten. Richtet man eine an einem Stativ befestigte Kamera mit geöffnetem Verschluß auf den Polarstern, so kann man im Bild festhalten, wie alle Sterne um ihn kreisen. Sie bilden sich als kleine Teilstücke eines Kreises ab. Auch der Polarstern hinterläßt, wenn man ganz genau hinschaut, eine Spur, da er nicht ganz genau im Dreh- und Angelpunkt der scheinbaren Himmelsdrehung steht. Westlich des Kleinen Wagens ziehen zur Zeit die Sternbilder Kepheus und Herkules ihre Kreise, östlich der schon erwähnte Große Wagen und der Luchs. Dieses Sternbild entstand in der Phantasie der Menschen des 17. Jahrhunderts.

Im Osten sind nun die prächtigen Wintersternbilder erschienen. Der Große und der Kleine Hund, die Begleiter des Himmelsjägers Orion, sind zu sehen, das Zwillingspaar Kastor und Pollux ist ebenfalls aufgegangen und liegt waagerecht, also parallel zum Osthorizont.

Stier und Fuhrmann stehen in großer Höhe. Letzteren erkennt man leicht an seiner markanten fünfeckigen Form, streng genommen gehört jedoch sein westlicher Eckstern zum Stier und bildet das Ende seines oberen Horns.

Unter dem Orion ist der Hase aufgegangen, der im Altertum als Symbol der Fruchtbarkeit verehrt und vom Gott Hermes an den Himmel versetzt wurde, da dieser von der Schnelligkeit des Tieres fasziniert war. Manchmal wird das Sternbild Hase aber auch mit dem Orion in Verbindung gebracht. Die Hauptsterne des Großen und Kleinen Hundes, der Zwillinge, des Fuhrmanns, des Stiers und den rechten Fußstern des Orions faßt man oft als Wintersechseck zusammen. Diese herrliche Himmelsregion wird uns durch die nun folgenden langen Winternächte, zum Beispiel am heiligen Abend oder zu Silvester, begleiten. Den legendären „Stern von Bethlehem" dagegen werden wir vergeblich suchen, er hat nichts mit den fernen Fixsternen zu tun, sondern wird heute allgemein mit einer seltenen Planetenkonstellation erklärt, die auf der nächsten Seite besprochen wird.

Himmelspanorama Dezember 1. 12. 22 Uhr (1. 9. 4 h, 1. 10. 2 h, 1. 11. 24 h, 1. 1. 20 h)

SÜDEN UND WESTEN

Im Südosten erkennt man einige Sterne des bei uns nie in voller Länge sichtbaren Sternbildes Eridanus. Genau über dem Südpunkt steht der Walfisch, der Sage nach das Seeungeheuer Cetus aus der Andromedasage. Die Fische sind auch als die Gottheiten Venus und Amor bekannt. Bei den Bewohnern Babylons galt dieses Sternbild als das Symbol Israels, des Landes, das am Meer liegt.
Als sich im Jahre 7 vor unserer Zeitrechnung Jupiter und Saturn, die Planeten, die nach babylonischer Auffassung die gesamte Menschheit darstellten, dreimal in den Fischen trafen, wurde dieses Ereignis so gedeutet, daß allen Menschen in Israel ein neuer Herrscher geboren würde. Der „Stern von Bethlehem" war also wahrscheinlich ein Jupiter-Saturn-Treffen in den Fischen und kein Komet. Die Fische gehören wie Widder und Wassermann zu den Tierkreisbildern.

Im Südwesten erkennt man das Herbstviereck, den Pegasus. Er gehört zu den Sternbildern, die der Anfänger ganz leicht auffinden kann, da seine quadratische Form sofort auffällt. Allerdings gehört der obere Eckstern des Pegasusvierecks schon zur Andromeda, die in dieser Panoramadarstellung nicht ganz gezeigt werden kann.

Im Westen geht gerade das Sommerdreieck unter. Zu dieser großen Figur, die uns in den letzten Monaten ein steter Begleiter war, gehört neben Wega in der Leier auch Deneb im Schwan. Dieses Sternbild nennt man auch „Kreuz des Nordens", und jetzt wird auch klar, warum: gerade an den Dezemberabenden glaubt man, über dem Westpunkt ein stehendes Kreuz zu erkennen. Sieht man in dem Sternbild, wie es die alten Griechen taten, einen Schwan, so scheint dieser mit seinem langen Hals voran senkrecht nach unten vor den kalten Winternächten zu fliehen. Wenn die Wintersternbilder im Osten emporsteigen, dann versinken, wie man sich früher erzählte, die Sommerbilder im Westen und verstecken sich unter dem Horizont, der Jahreslauf ist abgeschlossen. Dem bereits teilweise untergegangenen Adler folgen Pfeil und Delphin, Fuchs und Füllen.

Planeten, Sterne, Sternsysteme

Der Mond

Die Erde hat im Gegensatz zu den meisten anderen Planeten zwar nur einen Mond, jedoch ist dieser unverhältnismäßig groß. Immerhin erreicht sein Durchmesser 27% des irdischen Wertes, während die größten Begleiter von Jupiter, Saturn und Uranus nur auf rund 4% des Durchmessers ihres Mutterplaneten kommen.

Unser Mond besitzt keine nennenswerte Atmosphäre und kein Wasser. Die schon mit bloßem Auge sichtbaren „Mondmeere" sind ausgedehnte Flächen aus dunklem Lavagestein. Schon im Kleinfernrohr erkennt man auf der Mondoberfläche, besonders in den hellen Terragebieten, unzählige Mondkrater. Die größten davon haben Durchmesser von rund 250 km. Am besten kann man die Krater an der Schattengrenze, die den beleuchteten Teil des Mondes vom dunklen trennt, beobachten. In dieser Gegend geht, vom Mond ausgesehen, die Sonne auf oder unter. Sie kann dann nicht ins Kraterinnere hineinscheinen, während die Kraterränder und die oft vorhandenen Zentralberge noch oder schon beleuchtet sind. Die Kraterböden erscheinen dann tiefschwarz — die Ränder sind dagegen gleißend hell, und dieser Kontrast läßt die Kraterformationen deutlich hervortreten.

Durch die Untersuchung der Mondgesteine, die von den amerikanischen Apollo-Astronauten mit zur Erde gebracht wurden, kennen wir die Geschichte des Mondes heute recht gut. Vor rund 4,6 Milliarden Jahren bildete sich eine feste Oberfläche, die durch Einschläge kleinerer Körper bald kraterübersät war. Beim Zusammenstoß mit einigen großen Himmelskörpern erhielt der Mond vor rund 3,9 Milliarden Jahren einige riesige Einschlagbecken, aus denen in der Folgezeit schubweise gewaltige Magmamassen strömten, die diese Becken und ihre Nachbargebiete überfluteten. Die erkaltete Lava war dunkler als das von ihr bedeckte Gestein. Die dunklen „Mondmeere" waren entstanden, deren Bildung vor 3,2 Milliarden Jahren abgeschlossen war. Da es auf dem Mond kein Stürme, Eiszeiten und Ozeane, aber auch nur noch wenige innere Aktivitäten gab, tat sich danach im Gegensatz zur Erde nicht mehr viel. Wenn wir den Mond im Fernrohr beobachten, so blicken wir gleichzeitig in eine ferne Vergangenheit und sehen Landschaften, die viel älter als unsere heutigen irdischen Kontinente sind.

Bei Vollmond kann man die Krater nicht sehr gut beobachten, da der Helligkeitskontrast zwischen ihren Rändern und Innenflächen fehlt, allerdings erkennt

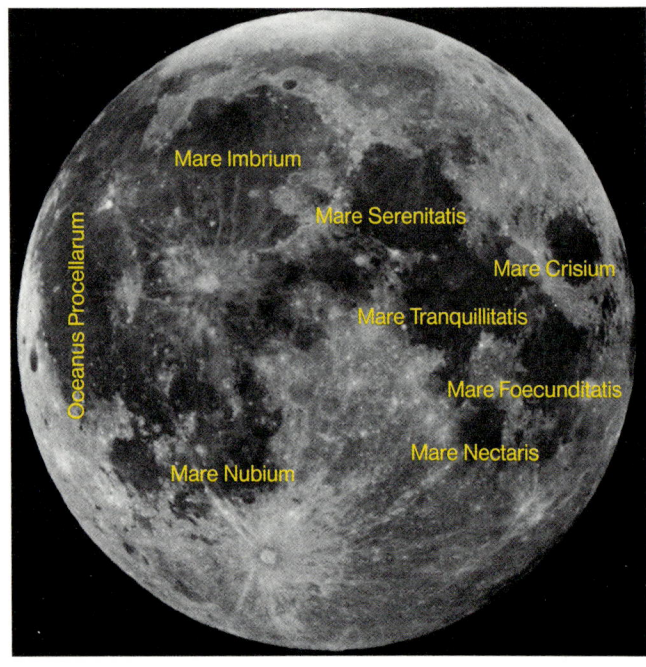

Die wichtigsten Mondmeere. Es handelt sich um große, erkaltete Lavaflächen.

An der Schattengrenze sind die Krater besonders gut zu sehen. Sie sind fast alle auf Einschläge kleinerer Himmelskörper zurückzuführen.

man dann ein anderes Phänomen besonders gut: von einigen Kratern scheinen helle Strahlen auszugehen, bei denen es sich wahrscheinlich um beim Einschlag eines Meteoriten ausgeschleuderte Staubmassen handelt.

Unser Mond in Zahlen	
Durchmesser:	3476 km (27% der Erde)
Oberfläche:	37 960 000 km² (7,4% der Erde)
Volumen:	$2,1 \cdot 10^{10}$ km³ (2% der Erde)
Masse:	$7,3 \cdot 10^{22}$ kg ($1/81$ der Erde)
Höchste Erhebung (über Umgebung):	11 350 m
Temperatur der Oberfläche:	$-130°$ bis $+130°$ C
Datum der 1. Mondlandung:	21. 7. 1969
Ihr Gewicht auf dem Mond:	16,6% des irdischen Wertes
Mittlere Entfernung von der Erde:	384 403 km
Größte Entfernung von der Erde:	406 740 km
Kleinste Entfernung von der Erde:	356 410 km
Siderische Umlaufzeit (volle Erdumkreisung):	27,322 Tage
Synodische Umlaufzeit (von Vollmond zu Vollmond):	29,531 Tage

Die in Deutschland beobachtbaren Mondfinsternisse von 1987–2000		
Datum	Uhrzeit bei Finsternismitte (MEZ)	Art der Finsternis
7. 10. 1987	5h 2m	partiell
20. 2. 1989	16h 37m	total
17. 8. 1989	4h 9m	total
9. 2. 1990	20h 13m	total
10. 12. 1992	0h 45m	total
29. 11. 1993	7h 26m	total
25. 5. 1994	4h 32m	partiell
4. 4. 1996	1h 11m	total
27. 9. 1996	3h 56m	total
24. 3. 1997	5h 41m	partiell
16. 9. 1997	19h 47m	total
21. 1. 2000	5h 45m	total

Zeiten der Neumonde 1987–1990												
	Jan.	Febr.	März	April	Mai	Juni	Juli	Aug.	Sept.	Okt.	Nov.	Dez.
1987	29	28	29	28	27	26	25	24	23	22	21	20
1988	19	17	18	16	15	14	13	12	11	10	9	9
1989	7	6	7	6	5	3	3	1/31	29	29	28	28
1990	26	25	26	25	24	22	22	20	19	18	17	17

Apollo 17: Der Astronaut Schmitt bei einem großen Felsbrocken.

Mikroskopische Aufnahme der wichtigsten Bestandteile des Mondsediments. Die Körner haben einen Durchmesser zwischen 0,25 und 0,5 mm.

Die Sonne, Kernenergie für Jahrmilliarden

Wie alle anderen Fixsterne ist unsere Sonne eine große, in ihrem Inneren Kernenergie produzierende Kugel aus heißen Gasen. Im Sonnenzentrum herrschen Bedingungen, die in irdischen Laboratorien nicht hergestellt werden können. Die Temperatur beträgt dort 15 Millionen Grad, der Druck ist 200milliardenmal höher als der irdische Luftdruck auf Meereshöhe, und die Materiedichte ist 7mal größer als die unserer schwersten Metalle!

Im Sonneninneren ist ein alter Menschheitstraum seit Jahrmilliarden verwirklicht: die Energiegewinnung durch Kernfusion. Sehr vereinfacht ausgedrückt, läuft im Zentrum unseres Zentralgestirns folgender Prozeß ab: Aus 4 Wasserstoffatomkernen wird jeweils ein Heliumkern aufgebaut. Dieser ist etwas leichter als seine 4 Bausteine. Es geht also Masse verloren, die ähnlich wie bei unseren Atomkraftwerken in Energie umgewandelt wird. In jeder Sekunde ihres jahrmilliardenlangen Sternenlebens verbraucht die Sonne 564 Millionen Tonnen Wasserstoff, um daraus 560 Millionen Tonnen Helium aufzubauen. Die restlichen 4 Millionen Tonnen, also 0,7% des Brennstoffs, werden in riesige Energiemengen umgewandelt. Die im Sonneninneren erzeugte Energie wird in den tieferen Schichten durch Strahlung, weiter außen durch Konvektion, also große Ströme heißen Materials, an die sichtbare Oberfläche, die Photosphäre, transportiert, deren Temperatur knapp 6000° C beträgt. Diese Schicht hat eine körnige Struktur, die man Granulation nennt. Die „Körnchen", die in Wirklichkeit rund 1000 km groß sind und etwa 10 Minuten lang leben, stellen die Endpunkte der heißen Materieströme aus dem Sonneninneren dar.

Häufig beobachtet man auf der Photosphäre dunkle Gebilde, die Sonnenflecken, die mit 4000 bis 5000° C deutlich kühler als ihre Umgebung sind, aus Kontrastgründen jedoch tief schwarz erscheinen. Man kann die Flecken leicht mit dem Fernrohr beobachten. Hierzu muß man immer ein geeignetes Filter benutzen oder das Sonnenbild durch das Teleskop hindurch auf eine weiße Fläche projizieren. Niemals darf man ohne geeignete Schutzvorrichtungen mit Fernglas oder Fernrohr in die Sonne blicken! Die Sonnenflecken treten etwa alle 11 Jahre besonders zahlreich auf. Man spricht dann von einem Sonnenfleckenmaximum. Die nächsten solcher Maxima, bei denen die Sonne auch ihre anderen Aktivitäten verstärkt, erwarten wir etwa in den Jahren 1990 und 2001. Die oft einige Monate lebenden Flecken erlauben eine Bestimmung der Rotationszeit der Sonne, die in Äquatornähe rund 25 Erdentage, in den Polgegenden dagegen etwa 30 Tage beträgt.

Neben den dunklen Sonnenflecken erkennt man auf der Photosphäre auch besonders helle Gebiete, die Fackeln, deren Temperaturen rund 2000° C über dem Umgebungswert liegen. Über der Photosphäre liegen weitere Schichten, die besonders bei Sonnenfinsternissen sichtbar werden, die Chromosphäre und die Korona, die eigentliche Sonnenatmosphäre, deren Temperatur zwischen 600 000 und 5 Millionen °C liegt, die aber wegen ihrer geringen Dichte normalerweise nicht auffällt. In der Korona beobachtet man häufig gewaltige Materiever-

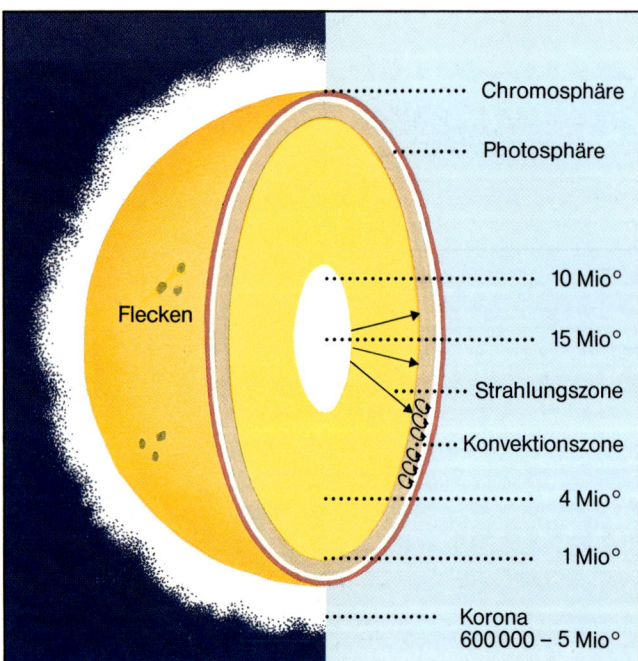

Der Aufbau der Sonne. Die im Sonneninneren durch Kernfusion erzeugte Energie wird durch Strahlung und Konvektion an die Oberfläche transportiert.

Unsere Sonne in Zahlen	
Durchmesser:	1,39 Millionen km (109facher Erdwert)
Oberfläche:	$6 \cdot 10^{12}$ km² (12 000facher Erdwert)
Volumen:	$1,41 \cdot 10^{18}$ km³ (1 300 000facher Erdwert)
Masse:	$1,99 \cdot 10^{30}$ kg (330 000facher Erdwert)
Mittlere Dichte:	1,41 g/cm³ (26% der Erde)
Dichte im Zentrum:	150 g/cm³
Temperatur der Photosphäre:	5800° C
Temperatur im Zentrum:	15 Millionen °C
Gesamtenergieproduktion:	$3,83 \cdot 10^{23}$ kW
Strahlung pro Quadratmeter:	62 000 kW/m²
Strahlung bei Erde (Solarkonstante):	1,36 kW/m²
Rotationsdauer am Äquator:	25 Tage
Rotationsdauer in Polnähe:	30 Tage
Mittlere Entfernung von der Erde:	149,6 Millionen km
Hauptbestandteile:	Wasserstoff (78,5%) Helium (19,7%)

dichtungen in Form von Lichtbögen oder zungenartigen Flammen, die <u>Protuberanzen.</u> In der Chromosphäre sieht man oft starke Strahlungsausbrüche, die <u>Eruptionen</u> oder <u>Flares.</u> Neben der elektromagnetischen Strahlung, also dem Licht und den Infrarot-, Ultraviolett- und Röntgenstrahlen, sendet die Sonne auch einen Strom elektrisch geladener Teilchen, den <u>Sonnenwind</u> ins All. Dieser erzeugt unter anderem die Polarlichter und Kometenschweife.

Die in Deutschland beobachtbaren Sonnenfinsternisse von 1987–2000		
Datum	Ungefähre Uhrzeit bei Finsternismitte (MEZ)	Art der Finsternis
22. 7.1990	4h 3m	partiell
21. 5.1993	15h 20m	partiell
10. 5.1994	18h 12m	partiell
12.10.1996	15h 3m	partiell
11. 8.1999	12h 4m	total (Süddeutschland)

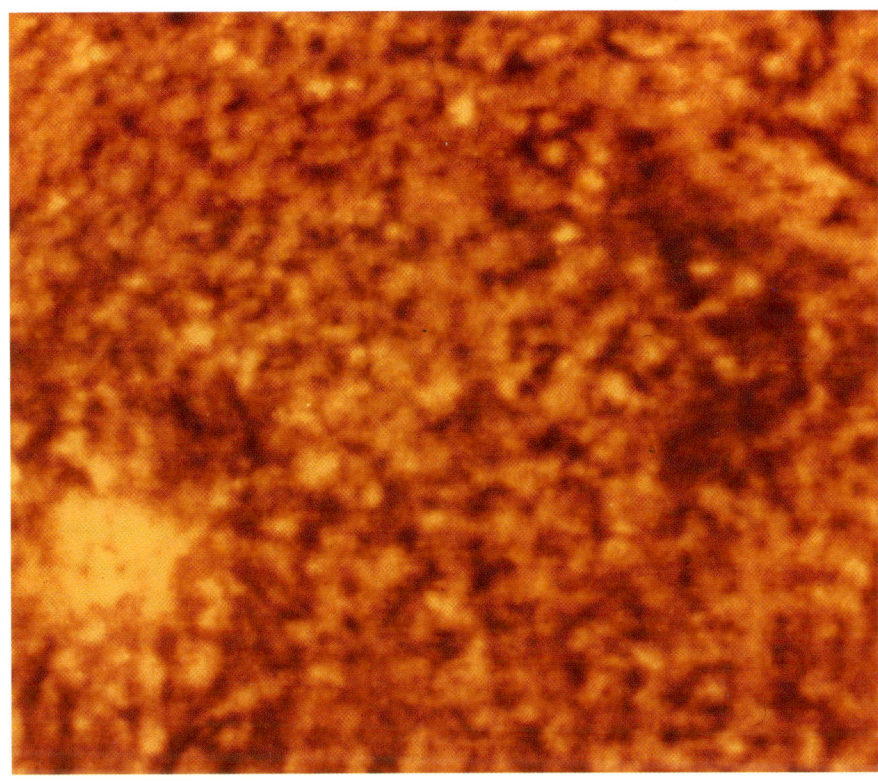

Die sichtbare Sonnenoberfläche hat eine körnige Struktur, die man Granulation nennt.

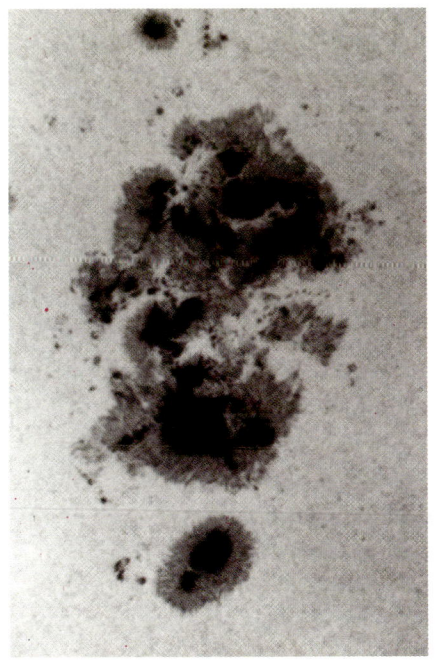

Eine Sonnenfleckengruppe: viele Flecken sind größer als die Erde.

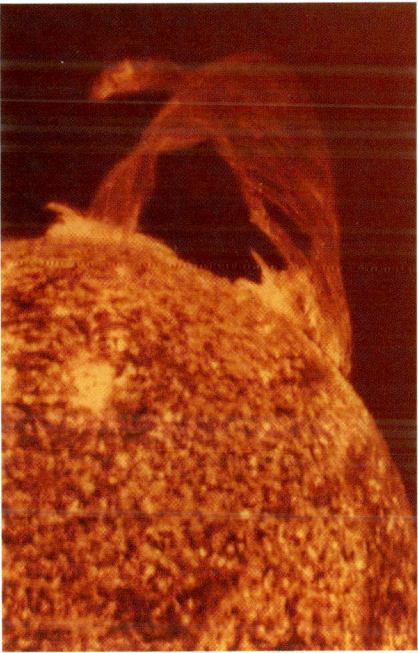

Sonnenprotuberanzen können mit Spezialinstrumenten oder bei totalen Sonnenfinsternissen beobachtet werden.

Wenn bei einer totalen Sonnenfinsternis der Mond die Sonne voll bedeckt, wird die Korona sichtbar.

Das Sonnensystem

Wie bereits in den ersten Kapiteln erwähnt, umkreisen neben der Erde 8 weitere große Planeten die Sonne. Sie folgen dabei den Keplerschen Gesetzen, nach denen sich die Planeten auf Ellipsen bewegen und in Sonnennähe schneller laufen als bei großem Sonnenabstand. Allerdings ist die Ellipsenform der Planetenbahnen nicht sehr ausgeprägt, so daß sie oft als Kreise dargestellt werden. Bei der Erde beträgt beispielsweise der größte Abstand von der Sonne 152,1 der kleinste dagegen 147,1 Millionen km. Die nahe der Sonne gelegenen erdähnlichen Planeten Merkur, Venus, Erde und Mars haben Durchmesser der Größenordnung 5 000—10 000 km und feste Oberflächen. Die Riesenplaneten Jupiter, Saturn, Uranus und Neptun sind rund 10mal größer und bestehen zum größten Teil aus ähnlichen Stoffen wie die Sonne, hauptsächlich aus Wasserstoff und Helium, haben also keine feste Oberfläche. Je näher ein Planet beim Zentralgestirn ist, um so kleiner ist seine Umlaufzeit. Bei den 2 inneren Planeten Merkur und Venus ist sie kürzer, bei den äußeren Nachbarn unserer Erde länger als ein Erdenjahr.

Die Planeten können in bezug auf Sonne und Erde ganz verschiedene Stellungen haben und dabei besonders gut oder auch gar nicht sichtbar sein. Bei den inneren oder unteren Planeten Merkur und Venus unterscheidet man folgende Positionen oder, wie man auch sagt, Aspekte: bei der oberen Konjunktion zur Sonne steht der Planet von der Erde aus gesehen hinter der Sonne und ist unbeobachtbar. In unterer Konjunktion befindet sich der Himmelskörper zwischen Sonne und Erde und kann ebenfalls nicht beobachtet werden, es sei denn, er tritt genau vor die Sonnenscheibe. Bei der größten östlichen oder westlichen Elongation erreicht der Planet seinen maximalen Winkelabstand von der Sonne und leuchtet nach ihrem Untergang oder vor ihrem Aufgang als Abend- oder Morgenstern. Die größtmögliche Distanz von der Sonne kann bei Merkur 27°, bei Venus 47° betragen, wobei ein Viertelkreis bekanntlich 90° hat.

Bei den äußeren oder oberen Planeten wie Mars oder Saturn unterscheidet man ebenfalls verschiedene Aspekte. In Konjunktion steht der Himmelskörper hinter

Physikalische Eigenschaften der Planeten

Planet	Äquatordurchmesser (km)	Masse (Erde = 1)	Mittlere Dichte (g/cm^3)	Rotationszeit d = Tage h = Stunden m = Minuten	Albedo (%) (Rückstrahlvermögen)	Zahl der bekannten Monde
Merkur	4 878	0,056	5,42	59 d	6	—
Venus	12 104	0,815	5,25	—243 d	61	—
Erde	12 756	1,000	5,52	23 h 56 m	34	1
Mars	6 790	0,107	3,95	24 h 37 m	15	2
Jupiter	142 600	318	1,33	9 h 50 m	41	16
Saturn	120 000	95,15	0,7	10 h 14 m	42	23
Uranus	50 000	14,55	1,19 ?	16 h 40 m	45	15
Neptun	50 000	17,2	1,66 ?	15 h 40 m	54	3
Pluto	3 000 ?	?	?	6,4 d	?	1

der Sonne und ist unsichtbar. Die günstigste Stellung eines äußeren Planeten ist die Opposition, bei der er, von der Erde aus gesehen, der Sonne genau gegenüber steht. Er hat dann seinen kleinstmöglichen Abstand vom irdischen Beobachter erreicht und ist die ganze Nacht hindurch zu sehen. Steht ein Planet in Quadratur zur Sonne, so beträgt sein Winkelabstand vom Tagesgestirn 90°.

Die siderische Umlaufzeit ist der Zeitraum, den ein Planet für eine volle Umkreisung des Zentralgestirns benötigt. Sie darf nicht mit der synodischen Umlaufzeit verwechselt werden. Man versteht darunter bei den inneren Planeten den Zeitraum zwischen 2 oberen Konjunktionen, bei äußeren Planeten die Zeit zwischen 2 Konjunktionen oder Oppositionen. Besonders bei Mars ist die synodische Periode mit 780 Tagen sehr lang. Zwischen 2 Oppositionen liegen also über 2 Jahre.

Die Planeten bewegen sich normalerweise von West nach Ost, von Europa aus gesehen also von rechts nach links. Manchmal jedoch sind die Nachbarn unserer Erde rückläufig und wandern von links nach rechts. Bei den inneren Planeten ist dies leicht zu verstehen. Haben sie sich nach der oberen Konjunktion nach links oder Osten von der Sonne entfernt, so müssen sie, ihren sonnennahen Bahnen folgend, irgendwann wieder dem Zentralgestirn entgegenlaufen, ihre Bewegungsrichtung also umkehren. Die äußeren Planeten sind um die Oppositionszeit herum rückläufig, wenn sie von der schnellen Erde überholt werden. Sie scheinen dann während des Überholvorgangs von uns aus gesehen rückwärts zu laufen, ähnlich wie ein von Ihnen überholtes Auto für Sie scheinbar rückwärts fährt, obwohl es sich natürlich auch vorwärts bewegt.

Die Planetenbahnen liegen nicht alle in einer Ebene. Die größten Bahnneigungen gegen die Erdbahnebene haben Merkur mit rund 7° und Pluto mit über 17°.

Heutzutage verstehen wir im Gegensatz zu früheren Zeiten gut, warum die Planeten um die Sonne kreisen. Sie werden nach dem Newtonschen Gravitationsgesetz von der Sonne angezogen, und zwar um so stärker, je näher sie dem Zentralgestirn sind. Diese Anziehung gleichen sie durch die Fliehkraft aus, die bei ihrer fast kreisförmigen Bahnbewegung entsteht. Je näher ein Planet bei der Sonne ist, um so stärker wird er angezogen und um so größer muß die Fliehkraft sein, die durch kurze Umlaufzeiten mit großer Bahngeschwindigkeit erzeugt wird.

Bahnen der Planeten					
Planet	Mittlere Entfernung von der Sonne in Mio. km	Siderische Umlaufzeit (Jahre)	Synodische Umlaufzeit (Tage)	Mittlere Bahngeschwindigkeit (km/s)	Bahnneigung gegen Ekliptik
Merkur	57,9	0,241	115,9	47,9	7° 0,3'
Venus	108,2	0,615	583,9	35,0	3° 23,7'
Erde	149,6	1,000	—	29,8	—
Mars	227,9	1,881	779,9	24,1	1° 51'
Jupiter	778,3	11,861	398,9	13,1	1° 18,3'
Saturn	1429,4	29,458	378,1	9,6	2° 29,4'
Uranus	2875,0	84,015	369,7	6,8	0° 46,4'
Neptun	4504,3	164,788	376,5	5,4	1° 46,4'
Pluto	5900,1	247,7	366,7	4,7	17° 8'

Merkur und Venus

Unsere beiden innerhalb der Erdbahn kreisenden Nachbarn Merkur und Venus gehören zu den terrestrischen oder erdähnlichen Planeten, sind jedoch sehr verschieden. Merkur ist, ähnlich wie unser Mond, eine atmosphärenlose Kraterwelt, während Venus viele erdähnliche Landschaftsformen besitzt und von dichten Wolken bedeckt ist, die uns den Durchblick auf ihre Oberfläche völlig verwehren. Erst amerikanischen und sowjetischen Radarsatelliten war es möglich, herauszufinden, daß sich bei Venus gewaltige Hochländer und Gebirgsmassive mit ausgedehnten Tiefebenen abwechseln. Ihre fast ganz aus Kohlendioxid bestehende Atmosphäre erzeugt auf der Planetenoberfläche einen Luftdruck, der den irdischen Wert etwa um das 100fache übertrifft und für einen unerwartet großen Treibhauseffekt sorgt, der zu Bodentemperaturen um +480° C führt. Völlig überraschend und unerwartet waren neben dieser extremen Temperatur für die Planetenforscher auch die Rotationszeiten der inneren Planeten. Während Mars ähnlich wie die Erde etwa einen 24-Stunden-Tag hat, dreht sich Venus in 243 Erdentagen einmal um ihre Achse, und das auch noch „verkehrt herum", so daß die Sonne im Westen aufgeht. Da sich diese, von der Venus aus gesehen, auch scheinbar am Himmel weiterbewegt, ist allerdings alle 117 Erdentage Sonnenaufgang. Bei Merkur dauert 1 Jahr 88 Erdentage, eine Rotationsperiode $\frac{2}{3}$ davon, also rund 59 Tage. Dies führt dazu, daß in einer bestimmten Gegend des Planeten nur alle 2 Merkurjahre die Mittagsstellung erreicht wird.

Neben großen Unterschieden haben die inneren Planeten auch einige Gemeinsamkeiten. Beide können sich von uns aus gesehen nur bis zu einem maximalen Winkelabstand von der Sonne entfernen, der bei Merkur 27°, bei Venus 47° beträgt. Stehen sie in oberer oder unterer Konjunktion, so sind sie unbeobachtbar, befinden sie sich weit genug östlich oder links von der Sonne, so kann man sie als Abendstern beobachten, stehen sie westlich oder rechts von der Sonne, so erscheinen sie als Morgenstern. Ähnlich wie der Mond sind die inneren Planeten für uns oft nur teilweise beleuchtet, zeigen also wie dieser Phasen. Besonders große und dünne Sicheln erkennt man kurz vor und nach der unteren Konjunktion. Merkur ist etwa vom 12. bis zum 50. Tage nach der oberen Konjunktion als Abendstern und etwa vom 5. bis 43. Tag nach der unteren Konjunktion als Morgenstern zu sehen. Venus ist etwa vom 40. bis 280. Tag nach der oberen Konjunktion Abendstern und vom 10. bis 250. Tag nach der unteren Konjunktion Morgenstern. Wegen der nicht idealen Beobachtungsbedingungen in Mitteleuropa muß man hier große Abstriche machen. Besonders Merkur ist bei manchen Elongationen von uns aus gar nicht zu sehen.

Die kraterbedeckte Oberfläche des Merkur

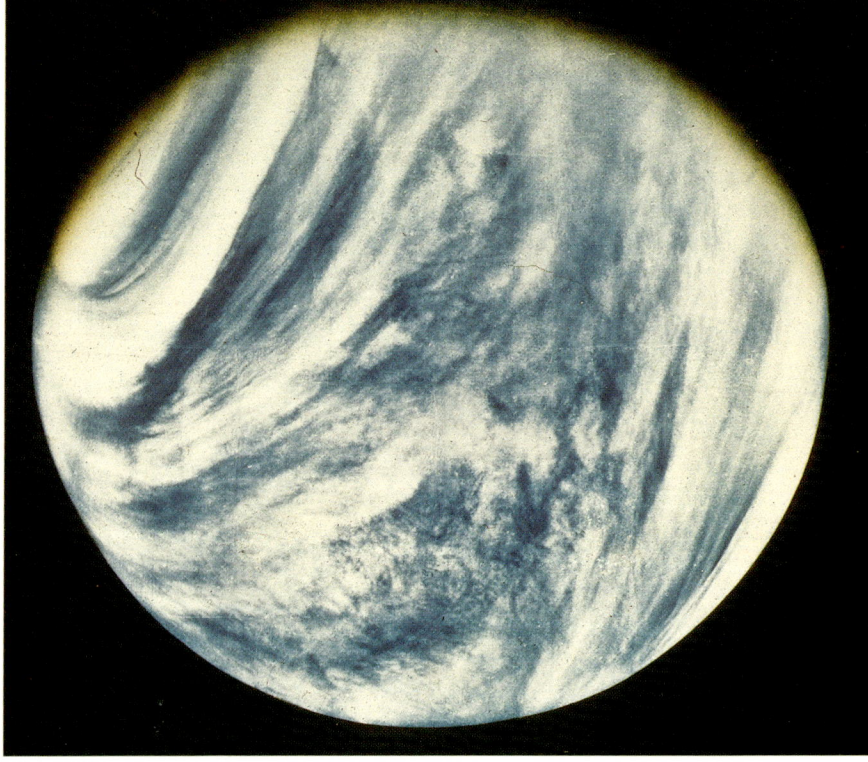

Die wolkenverhüllte Venus

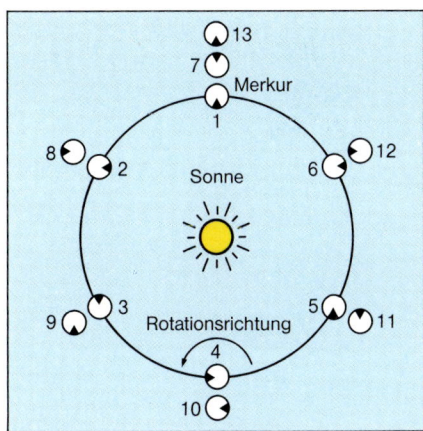
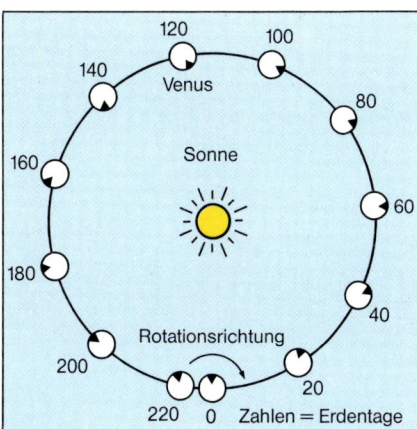

Beim Merkur dauert es 2 volle Jahre zu 88 Erdentagen, bis ein bestimmtes Gebiet wieder in Mittagsstellung kommt, bei der Venus rund 117 Erdentage.

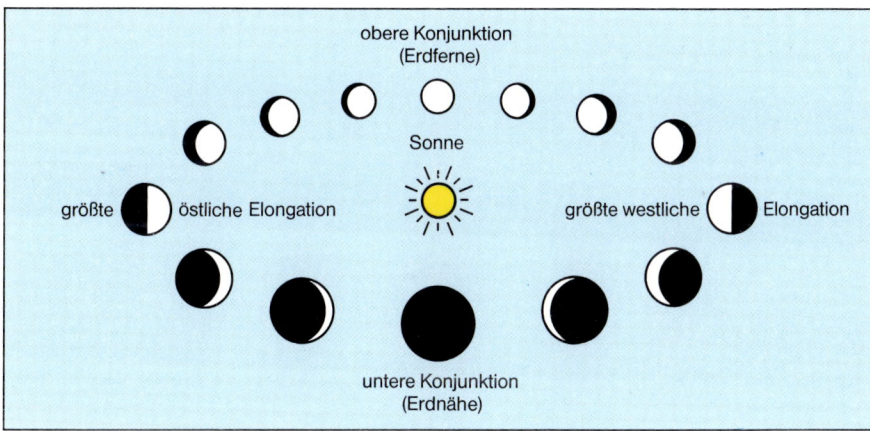

Merkur und Venus zeigen von der Erde aus gesehen Phasen.

Die wichtigsten Stellungen der Venus 1987–1998	
15. 1. 1987 größte westliche Elongation	24. 8. 1994 größte östliche Elongation
23. 8. 1987 obere Konjunktion	2. 11. 1994 untere Konjunktion
3. 4. 1988 größte östliche Elongation	13. 1. 1995 größte westliche Elongation
13. 6. 1988 untere Konjunktion	20. 8. 1995 obere Konjunktion
22. 8. 1988 größte westliche Elongation	1. 4. 1996 größte östliche Elongation
4. 4. 1989 obere Konjunktion	10. 6. 1996 untere Konjunktion
8. 11. 1989 größte östliche Elongation	20. 8. 1996 größte westliche Elongation
18. 1. 1990 untere Konjunktion	2. 4. 1997 obere Konjunktion
1. 4. 1993 untere Konjunktion	6. 11. 1997 größte östliche Elongation
10. 6. 1993 größte westliche Elongation	16. 1. 1998 untere Konjunktion
17. 1. 1994 obere Konjunktion	27. 3. 1998 größte westliche Elongation

Die Morgen- und Abendsichtbarkeiten von Merkur 1987–2000	
12. 2. 1987	östliche Elongation
7. 6. 1987	östliche Elongation
25. 7. 1987	westliche Elongation (in Mitteleuropa ungünstig)
13. 11. 1987	westliche Elongation
26. 1. 1988	östliche Elongation
19. 5. 1988	östliche Elongation
26. 10. 1988	westliche Elongation
9. 1. 1989	östliche Elongation (in Mitteleuropa ungünstig)
1. 5. 1989	östliche Elongation
10. 10. 1989	westliche Elongation
13. 4. 1990	östliche Elongation
24. 9. 1990	westliche Elongation
27. 3. 1991	östliche Elongation
7. 9. 1991	westliche Elongation
9. 3. 1992	östliche Elongation
21. 8. 1992	westliche Elongation
9. 12. 1992	westliche Elongation (in Mitteleuropa ungünstig)
21. 2. 1993	östliche Elongation
4. 8. 1993	westliche Elongation
22. 11. 1993	westliche Elongation
4. 2. 1994	östliche Elongation
30. 5. 1994	östliche Elongation
17. 7. 1994	westliche Elongation (in Mitteleuropa ungünstig)
6. 11. 1994	westliche Elongation
19. 1. 1995	östliche Elongation
12. 5. 1995	östliche Elongation
20. 10. 1995	westliche Elongation
2. 1. 1996	östliche Elongation (in Mitteleuropa ungünstig)
23. 4. 1996	östliche Elongation
3. 10. 1996	westliche Elongation
6. 4. 1997	östliche Elongation
16. 9. 1997	westliche Elongation
20. 3. 1998	östliche Elongation
31. 8. 1998	westliche Elongation
3. 3. 1999	östliche Elongation
14. 8. 1999	westliche Elongation
3. 12. 1999	westliche Elongation (in Mitteleuropa ungünstig)
15. 2. 2000	östliche Elongation
9. 6. 2000	östliche Elongation
27. 7. 2000	westliche Elongation
15. 11. 2000	westliche Elongation

Mars und Kleinplaneten

Wie Venus und Merkur gehört auch der Mars zu den erdähnlichen Planeten. Noch vor 80 Jahren war man fest davon überzeugt, daß der rote Planet, wie man Mars auch nennt, von intelligenten Wesen bewohnt sei. Man glaubte sogar, ein von ihnen errichtetes Kanalsystem auf der Planetenoberfläche entdeckt zu haben. Von all diesen Vorstellungen und Phantasien ist heute zwar nichts mehr übriggeblieben, aber die modernen Marsbeobachtungen sind nicht minder interessant. Besonders die amerikanischen Mariner- und Vikingsonden haben uns gezeigt, daß es auf unserer rötlichen Nachbarwelt neben mondähnlichen Kraterlandschaften auch Vulkane und Schluchten sowie ausgetrocknete Flußbetten gibt. So findet man auf Mars zum Beispiel den höchsten Berg unseres Sonnensystems, den Vulkan Mons Olympus, der sich 28 000 m hoch über das Umland erhebt.

Mars besitzt eine dünne Atmosphäre, die wie die Venuslufthülle gast ganz aus Kohlendioxid besteht. Der Bodenluftdruck ist jedoch sehr klein und erreicht nicht einmal ganz 1 % des irdischen Wertes. Da die Planetenachse geneigt ist, gibt es auf dem Mars Jahreszeiten. Schon im Fernrohr erkennt man die vereisten Polkappen des Planeten, die im Herbst größer und im Frühjahr kleiner werden. Sie bestehen aus Kohlensäure- und Wassereis, das jedoch bei Erwärmung wegen des niedrigen Luftdruckwertes nicht schmilzt, sondern direkt verdampft. Die Greifarme der amerikanischen Vikingsonden entnahmen auf dem Mars Bodenproben, konnten jedoch keine auch noch so einfachen Lebensspuren entdecken. Mars hat 2 Monde, Phobos und Deimos, die jedoch im Gegensatz zum Erdbegleiter winzig klein sind. Man hat sie oft mit 2 fliegenden Felsbrocken verglichen. Als äußerer Planet kann Mars in Konjunktion, also hinter der Sonne, aber auch in Opposition, also der Sonne gegenüber stehen. Etwa 60 Tage nach der Konjunktion erscheint er als unscheinbares Sternchen am Morgenhimmel, nach 353 Tagen wird er „rückläufig". Rund 390 Tage nach der Konjunktion ist die Opposition erreicht, in der Mars in Erdnähe steht. Da die Bahn des Planeten stark elliptisch und exzentrisch zur Erdbahn ist, schwanken die Oppositionsentfernungen allerdings stark. 37 Tage nach der Opposition wird Mars wieder rechtläufig, rund 310 Tage nach Erreichen der erdnächsten Stellung verschwindet er vom Abendhimmel.

Besonders zwischen den Bahnen von Mars und Jupiter, aber auch in anderen Entfernungen umkreisen Tausende von Kleinplaneten oder Planetoiden die Sonne. Ihr größter Vertreter, Ceres, hat einen Durchmesser von fast 1000 km. Die meisten Planetoiden sind jedoch unregelmäßige Felsbrocken von einigen Kilometern Durchmesser und dürften den beiden Marsmonden, von denen wir Nahaufnahmen besitzen, sehr ähnlich sehen.

Die Marsmonde			
Mond	Ausmaße (km)	mittlere Entfernung v. Planeten (km)	Umlaufzeit
Phobos	27 × 22 × 19	9 380	7 h 39 m
Deimos	15 × 12 × 11	23 460	30 h 18 m

Marsoppositionen 1987—2000			
28. 9. 1988	(59)	12. 2. 1995	(101)
27. 11. 1990	(77)	17. 3. 1997	(99)
7. 1. 1993	(94)	24. 4. 1999	(87)

(in Klammern Abstand von der Erde in Erdnähe, die um einige Tage vom Oppositionstermin abweichen kann)

Der Greifarm einer Viking-Sonde entnimmt Bodenproben.

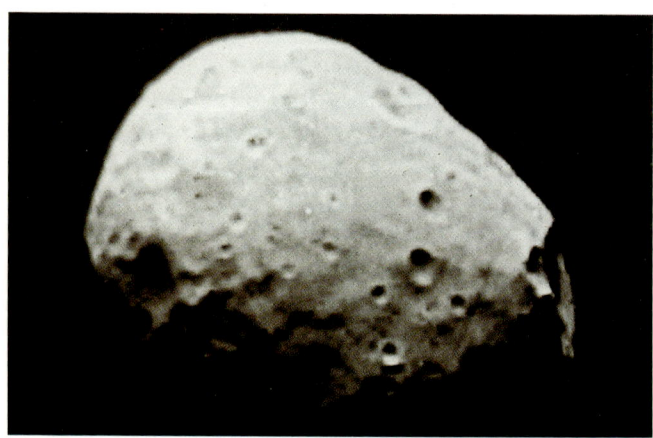

Der Marsmond Phobos — ein fliegender Felsbrocken

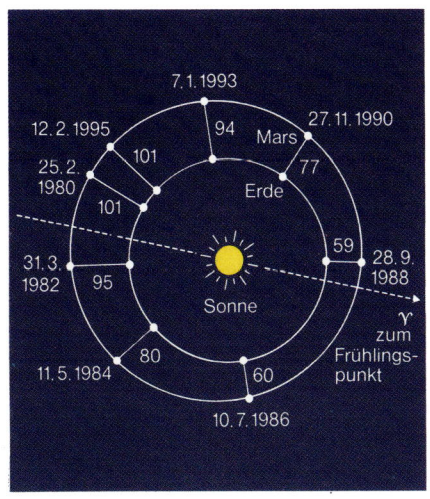
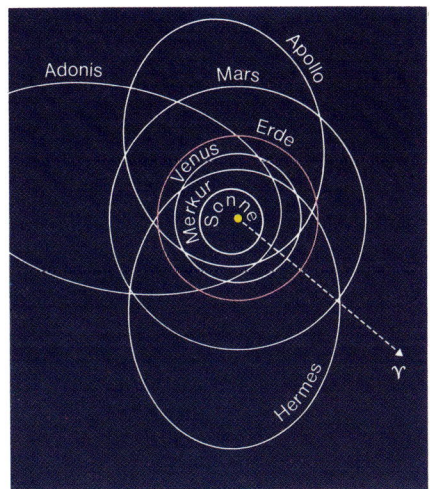
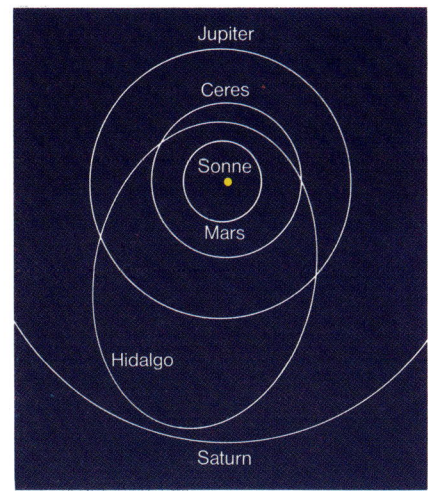

Die Oppositionsentfernungen des Mars sind sehr verschieden (Entfernungen in Millionen km).

Die Bahnen einiger Planetoiden. Die meisten dieser Kleinplaneten haben ähnliche Bahnen wie Ceres.

Die 20 ersten Planetoiden in der Reihenfolge ihrer Entdeckung					
Nr.	Name	entdeckt im Jahr	Durchmesser in km (ca.)	Rotationszeit in Stunden	Umlaufzeit um die Sonne in Tagen
1	Ceres	1801	1000	9,07	1681
2	Pallas	1802	500 (?)	10,67	1684
3	Juno	1804	200 (?)	7,21	1594
4	Vesta	1807	400 (?)	5,34	1325
5	Astraea	1845	100	16,80	1511
6	Hebe	1847	150	7,74	1380
7	Iris	1847	150	7,13	1345
8	Flora	1847	100	13,6	1193
9	Metis	1848	100	5,06	1347
10	Hygiea	1849	150	18	2040
11	Parthenope	1849		10,67	1403
12	Victoria	1850	50		1302
13	Egeria	1850		7,04	1510
14	Irene	1851	100		1520
15	Eunomia	1851	150	6,08	1569
16	Psyche	1852	100	4,30	1826
17	Thetis	1852		12,27	1417
18	Melpomene	1852		14,00	1270
19	Fortuna	1852		7,46	1394
20	Massalia	1852	100	8,09	1365

Jupiter und seine Monde

Der Riesenplanet Jupiter ist mit Abstand der größte Begleiter unserer Sonne. Schon im kleinen Amateurfernrohr erkennt man auf der etwas abgeplatteten Planetenkugel helle und dunkle Wolkenstreifen sowie das wechselhafte Schauspiel der 4 hellsten Jupitermonde, die bereits von Galilei entdeckt wurden. Die amerikanischen Raumsonden vom Typ Pioneer und Voyager haben uns herrliche Aufnahmen des Riesenplaneten, dessen Wolkenmeer dauernde Veränderungen zeigt, zur Erde gefunkt. Ähnlich wie die Sonne besteht Jupiter zum größten Teil aus Wasserstoff und Helium, und man nimmt an, daß sich in seinem sehr heißen Zentrum ein Kern aus schweren Elementen gebildet hat. Wie alle Riesenplaneten rotiert Jupiter sehr schnell um seine Achse, die im Gegensatz zu Erde und Mars fast senkrecht auf der Planetenbahnebene steht, so daß es dort keine Jahreszeiten gibt. Die riesige Planetenkugel dreht sich in nur 9h 50 m einmal um sich selbst, so daß sie durch große Fliehkräfte deutlich abgeplattet ist. In 11,86 Jahren umrundet Jupiter einmal die Sonne.

Als äußerer Planet kann Jupiter in Opposition zur Sonne stehen. Etwa 20 Tage nach der Konjunktion, bei der er sich hinter der Sonne befindet, wird er am Morgenhimmel sichtbar, nach 140 Tagen beginnt die Rückläufigkeit, nach 200 Tagen ist die Opposition erreicht, wobei der Planet der Sonne gegenüber steht und die ganze Nacht hindurch gut zu sehen ist. Etwa 180 Tage nach der Opposition verschwindet Jupiter am Abendhimmel und steht nach weiteren 20 Tagen wieder in Konjunktion.

Jupiter wird von mindestens 16 großen Monden und einem Ringsystem von Kleintrabanten umkreist. Der innerste der 4 größten, seit Jahrhunderten bekannten Monde, Io, besitzt aktive Vulkane, der Mond Europa ist von Pol zu Pol von gewaltigen Eismassen überzogen, während Ganymed und Kallisto staubbedeckte Eiskugeln sind. Die beiden letztgenannten Monde haben sehr viele Einschlagkrater, aus denen frisches Eis herausgeschleudert wurde, als kleinere Himmelskörper die äußere Staub- und Geröllschicht durchschlugen. Die kleinen Jupitermonde haben, ähnlich wie die Marsbegleiter, keine Kugelform, sondern sind unregelmäßig geformte fliegende Felsbrocken. Neben seinen vielen Monden hat Jupiter noch eine ganz andere Art von Begleitern. Auf der Jupiterbahn, und zwar 60° vor und 60° hinter dem Planeten, kreisen 2 Gruppen von Planetoiden um die Sonne, die man Trojaner nennt. Ihre Bahnen sind stabil, während Jupiter als größter Planet ansonsten viel Unordnung ins Sonnensystem bringt und beispielsweise von Zeit zu Zeit Kometen und sogar Kleinplaneten aus ihren ursprünglichen Bahnen wirft, so daß sie manchmal der Erde bedrohlich nahe kommen können.

Der Riesenplanet Jupiter

Jupiter mit seinen Monden Io und Europa

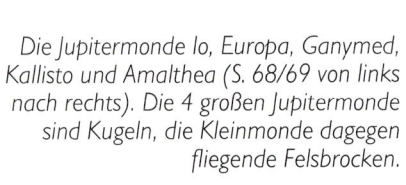

Die Jupitermonde Io, Europa, Ganymed, Kallisto und Amalthea (S. 68/69 von links nach rechts). Die 4 großen Jupitermonde sind Kugeln, die Kleinmonde dagegen fliegende Felsbrocken.

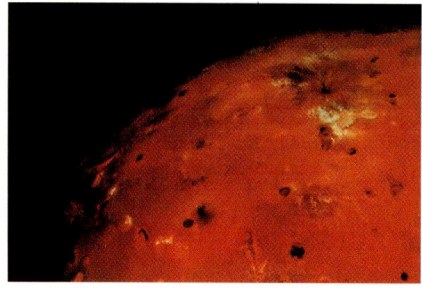

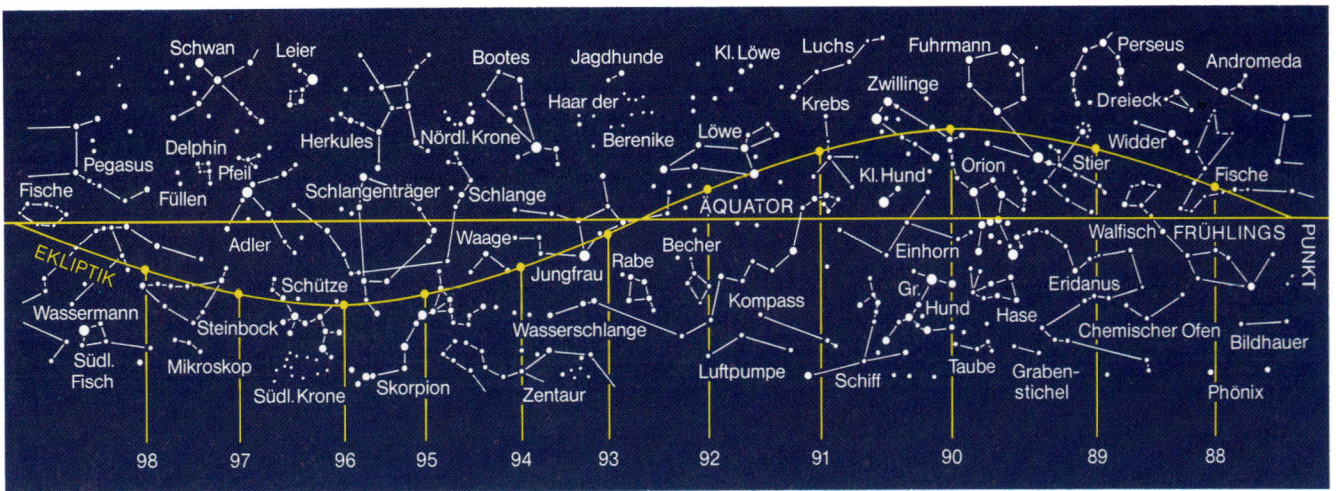

Jupiterpositionen 1988–1998 (jeweils am 1. 1.)

Jupiter			
Oppositionen und Konjunktionen 1987–2000			
27. 3. 1987	Konjunktion	30. 4. 1994	Opposition
18. 10. 1987	Opposition	17. 11. 1994	Konjunktion
2. 5. 1988	Konjunktion	1. 6. 1995	Opposition
23. 11. 1988	Opposition	18. 12. 1995	Konjunktion
9. 6. 1989	Konjunktion	4. 7. 1996	Opposition
27. 12. 1989	Opposition	19. 1. 1997	Konjunktion
15. 7. 1990	Konjunktion	9. 8. 1997	Opposition
29. 1. 1991	Opposition	23. 2. 1998	Konjunktion
17. 8. 1991	Konjunktion	16. 9. 1998	Opposition
29. 2. 1992	Opposition	1. 4. 1999	Konjunktion
17. 9. 1992	Konjunktion	23. 10. 1999	Opposition
30. 3. 1993	Opposition	8. 5. 2000	Konjunktion
18. 10. 1993	Konjunktion	28. 11. 2000	Opposition

Jupitermonde			
Mond	Durchmesser (km)	Entfernung v. Jupiter	Umlaufzeit
1979 J3	40	127 950	7 h 4,5 m
1979 J1	?	128 590	7 h 9 m
V Amalthea	200	182 000	11 h 57 m
1979 J2	80	221 725	16 h 11 m
I Io	3636	421 400	1,763 d
II Europa	3066	670 500	3,551 d
III Ganymed	5225	1 069 000	7,155 d
IV Kallisto	4890	1 881 200	16,889 d
XIII Leda	10	11 110 000	240 d
VI Himalia	170	11 470 000	251 d
VII Elara	80	11 730 000	260 d
X Lysithea	25	11 750 000	261 d
XII Ananke	20	21 200 000	625 d
XI Carne	30	22 550 000	692 d
VIII Pasiphae	40	23 300 000	737 d
IX Sinope	20	23 650 000	758 d

d = Tage, h = Stunden, m = Minuten

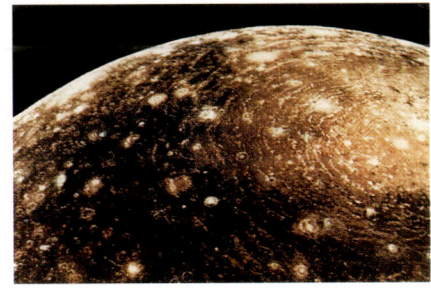
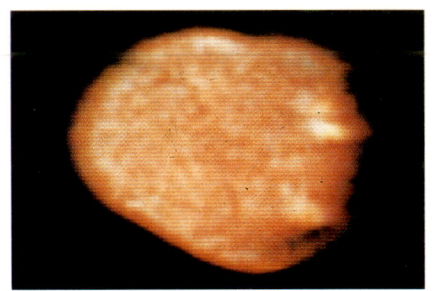

Saturn mit seinen Ringen und Monden

Der zweitgrößte Planet des Sonnensystems, Saturn, wird oft einfach als Ringplanet bezeichnet. Schon bei 40facher Vergrößerung erkennt man, daß der sonst jupiterähnliche Himmelskörper von hellen Ringen umgeben ist, die, wie man seit langem weiß, aus Milliarden von kleinen Monden bestehen, die den Planeten umkreisen. Heute ist das Ringsystem durch Raumsonden bis ins kleinste Detail erforscht. Man kennt Tausende von Einzelringen, die in verschiedene Ringgruppen zusammengefaßt sind, welche man mit den Buchstaben A, B, C, D, E und F bezeichnet. Die Teilchengröße ist in hellen, dichten Ringen gering und beträgt rund $1/1000$ mm. In schwach besetzten Einzelringen, in denen die Teilchen selten zusammenstoßen und sich gegenseitig zerstören, kommen Brocken von 10 m Durchmesser vor, die man schon als Kleinmonde bezeichnen kann.

Saturn kann als äußerer Planet in Konjunktion, aber auch in Opposition zur Sonne stehen. Etwa 20 bis 25 Tage nach der Konjunktion erscheint er am Morgenhimmel, 189 Tage nach diesem Ereignis hat er seine Opposition erreicht, bei der er, von der Erde aus gesehen, der Sonne gegenübersteht. Er ist dann in Erdnähe und die ganze Nacht hindurch zu sehen. Es lohnt sich dann, nach seinen Ringen Ausschau zu halten, die allerdings etwa alle 15 Jahre unsichtbar werden, wenn man genau auf die Kante des sehr dünnen Ringsystems blickt. Nach der Opposition ist Saturn noch rund 160 Tage lang zu sehen, zuletzt allerdings nur noch in den frühen Abendstunden. Kurz vor der nächsten Konjunktion verschwindet er dann in den Strahlen der Sonne.

Saturn hat nicht nur das schönste Ringsystem, sondern auch die vielseitigste Mondfamilie. 23 Trabanten sind bekannt, von denen einige beachtliche Ausmaße haben.

Andere sind nur kleine fliegende Felsbrocken. Durch die hervorragende Arbeit der amerikanischen Raumsonden besitzen wir heute gestochen scharfe Aufnahmen der meisten Saturnmonde. Einige davon, etwa Mimas, Thetys und Dione, sehen mit ihren Kraterlandschaften unserem Mond sehr ähnlich; der größte Saturntrabant Titan hat eine dichte, stickstoffreiche Atmosphäre. Es gibt Kleinmonde, die auf den Bahnen der großen Saturnbegleiter kreisen, indem sie ihnen in einem Abstand von 60° vorauseilen oder folgen. Andere Monde flankieren den F-Ring innen und außen und halten mit ihrer Schwerkraft die Ringteilchen zusammen wie ein Schäferhund seine Herde. Man nennt Monde dieses Typs daher Schäferhundmonde.

Abb. v. l. n. r.: Saturn mit seinen Ringen

Nahaufnahme des Mondes Dione

Das Mondsystem des Saturn (S. 70/71 von links nach rechts). Tethys, Mimas, Schäferhundmonde, Hyperion.

Saturnpositionen 1987–1997 (jeweils am 1. 1.)

Saturn

Oppositionen und Konjunktionen 1987–2000

9. 6. 1987	Opposition	1. 9. 1994	Opposition
16. 12. 1987	Konjunktion	6. 3. 1995	Konjunktion
20. 6. 1988	Opposition	14. 9. 1995	Opposition
26. 12. 1988	Konjunktion	17. 3. 1996	Konjunktion
2. 7. 1989	Opposition	26. 9. 1996	Opposition
6. 1. 1990	Konjunktion	30. 3. 1997	Konjunktion
14. 7. 1990	Opposition	10. 10. 1997	Opposition
18. 1. 1991	Konjunktion	13. 4. 1998	Konjunktion
27. 7. 1991	Opposition	23. 10. 1998	Opposition
29. 1. 1992	Konjunktion	27. 4. 1999	Konjunktion
7. 8. 1992	Opposition	6. 11. 1999	Opposition
9. 2. 1993	Konjunktion	10. 5. 2000	Konjunktion
19. 8. 1993	Opposition	19. 11. 2000	Opposition
21. 2. 1994	Konjunktion		

Saturnmonde

Mond	Durchmesser (km)	Entfernung v. Saturn	Umlaufzeit
1980 S28	80× 60× 40	137 700	14 h 25 m 44 s
1980 S27	140×100× 80	139 400	14 h 42 m 43 s
1980 S26	110×100× 70	141 700	15 h 05 m
1980 S3	140×120×100	151 422	16 h 39 m 48 s
1980 S1	220×200×160	151 472	16 h 40 m 22 s
Mimas	392	185 600	22 h 37 m 03 s
Mimas B	10	185 600	22 h 37 m
Enceladus	500	238 100	1,3702 d
Tethys	1050	294 700	1,8878 d
Tethys B	34	294 700	1,8878 d
Tethys C	34	294 700	1,8878 d
Tethys D	15	294 700	1,8878 d
1980 S34	15	350 000	2,44 d
Dione	1120	377 500	2,7369 d
Dione B	36	377 500	2,7369 d
Dione C	20	377 500	2,7369 d
1981 S9	15	470 000	3,8 d
Rhea	1530	527 200	4,5175 d
Titan	5150	1 221 600	15,9454 d
Hyperion	360	1 489 000	21,2767 d
Japetus	1450	3 560 100	79,3308 d
Phoebe	200	12 950 000	550,33 d

d = Tage, h = Stunden, m = Minuten, s = Sekunden

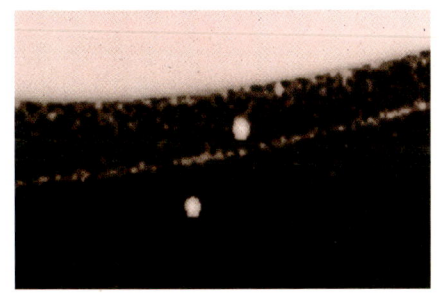
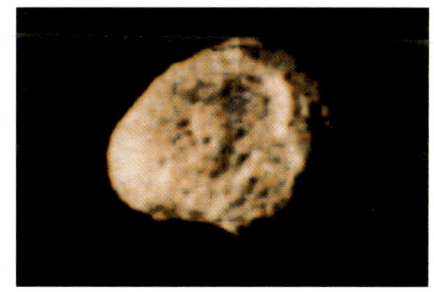

Uranus, Neptun und Pluto

Während die bisher besprochenen Planeten bereits im Altertum bekannt waren, wurden Uranus, Neptun und Pluto erst in der Neuzeit nach Erfindung des Fernrohrs entdeckt, da sie nicht mit bloßem Auge zu sehen sind. Uranus, manchmal der „grüne Planet" genannt, ist leicht mit dem Feldstecher zu finden, wenn man seine ungefähre Position kennt. Beim viel lichtschwächeren Neptun ist das schon schwieriger, während Pluto dem Fernrohr vorbehalten bleibt.

Unsere größten Teleskope blicken Millionen von Lichtjahren ins All hinaus. Das weiteste Objekt, das wir mit unserer Raumfahrt erreicht haben, ist dagegen nur rund 2,6 Lichtstunden entfernt. Es handelt sich dabei um den Planeten Uranus, der Anfang 1986 von der Sonde Voyager II besucht wurde, die 1989 auch am Neptun vorbeifliegen soll und dann für immer in den Tiefen des Weltalls verschwindet.

Der wegen seiner methanhaltigen Atmosphäre etwas grünlich wirkende Planet Uranus liegt mit seinem Durchmesser von rund 50 000 km, was seine Dimensionen anbelangt, etwa zwischen Erde und Jupiter. Bereits durch Sternbedeckungsbeobachtungen erkannte man, daß der grüne Planet, ähnlich wie Jupiter und Saturn, Ringe hat, die dann später von Voyager II genau untersucht wurden. Man kennt heute mindestens 9 Einzelringe, wahrscheinlich ist ihre Zahl jedoch viel höher. Neben den 5 seit langem bekannten Uranusmonden Miranda, Ariel, Umbriel, Titania und Oberon entdeckte Voyager II 10 weitere Trabanten des grünen Planeten. Besonders vom Mond Miranda, der von der Erde aus betrachtet auch im größten Teleskop nur ein kleiner Lichtpunkt ist, gelangen herrliche Nahaufnahmen. Der nur rund 500 km große, nicht ganz kugelförmige Himmelskörper zeigt eine unerwartet große Vielfalt an Landschaftsformen.

Ähnlich wie Uranus ist auch Neptun ein Riesenplanet, dessen Durchmesser etwa zwischen den Werten der kleinsten und

Uranus, der grüne Planet, als schmale Sichel

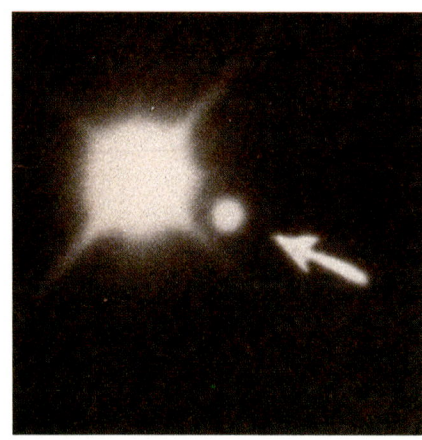

Neptun mit seinem Mond Triton

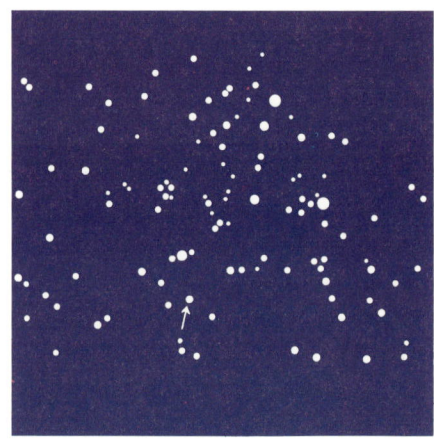

Auch im größten Fernrohr ist Pluto nur ein Lichtpunkt.

Die 9 bekannten Ringe des Uranus.

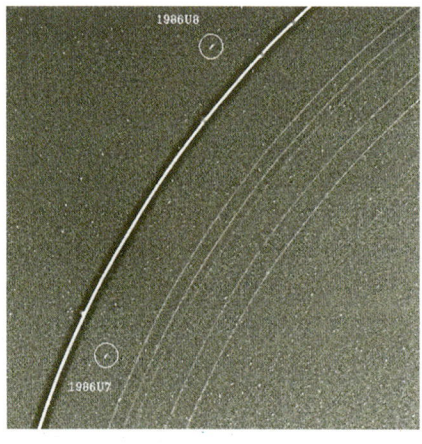

Ein Ring mit Schäferhundmonden.

Staubteilchen zwischen den Ringen

größten Planeten liegt. Er besitzt mindestens 2 Monde und wahrscheinlich auch mehrere Ringe. Genaueres werden wir 1989 erfahren, wenn Voyager II den Planeten erreicht hat.

Der äußerste bekannte Planet ist Pluto. Er wurde erst in unserem Jahrhundert entdeckt und läßt sich schwer einordnen. Sein Durchmesser beträgt nur rund 3000 km, so daß er mit Abstand der kleinste Planet ist, obwohl er sich im Bereich der Riesenplaneten aufhält. Pluto besitzt einen Mond namens Charon, dessen Durchmesser rund 1500 km beträgt. Damit ist der Trabant halb so groß wie sein Planet, womit das System Erde — Mond seine Sonderstellung verloren hat, da der Begriff „Doppelplanet" bei Pluto angebrachter ist als bei der Erde.

Ariel

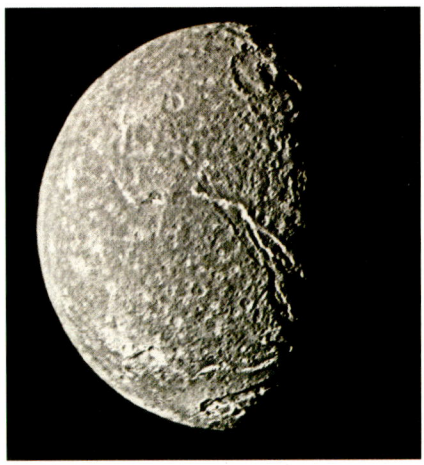

Titania

Die Monde von Uranus, Neptun und Pluto			
Uranus			
Monde	Durchmesser (km)	Entfernung vom Planeten (km)	Umlaufzeit
1986 U7	30	49 300	7 h 55 m
1986 U8	20	53 300	8 h 55 m
1986 U9	60	59 100	10 h 23 m
1986 U3	70	61 750	11 h 08 m
1986 U6	50	62 700	11 h 24 m
1986 U2	70	64 350	11 h 50 m
1986 U1	90	66 090	12 h 19 m
1986 U4	50	69 920	13 h 24 m
1986 U5	50	75 100	14 h 56 m
1985 U1	180	85 980	18 h 17 m
Miranda	480	129 390	1 d 9 h 55 m
Ariel	1170	191 020	2 d 12 h 29 m
Umbriel	1190	266 030	4 d 3 h 28 m
Titania	1590	435 910	8 d 16 h 56 m
Oberon	1550	583 520	13 d 11 h 7 m
Neptun			
Monde	Durchmesser (km)	Entfernung vom Planeten (km)	Umlaufzeit
1981 N1*	180 ?	50 000	0,26 d
Triton	3760	355 000	3,88 d
Nereide	500 ?	5 560 000	359,42 d
Pluto			
Monde	Durchmesser (km)	Entfernung vom Planeten (km)	Umlaufzeit
Charon	1500 ?	20 000	6,39 d

* = nicht gesichert
d = Tage
h = Stunden
m = Minuten

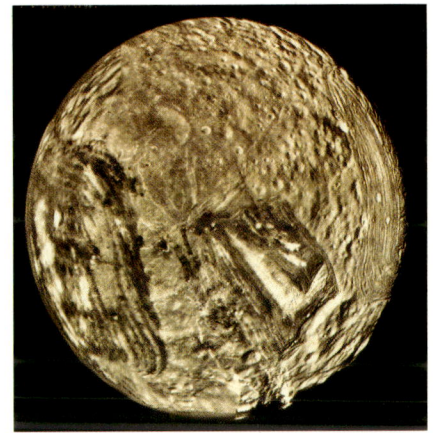

Miranda

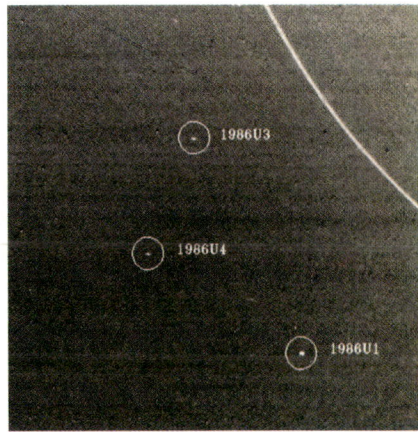

Epsilon-Ring mit neuen Monden

Kometen und Meteorite

Neben den 9 großen Planeten und dem Riesenheer der Planetoiden umkreisen Milliarden von Kometen unsere Sonne. Normalerweise befinden sie sich, für uns unbeobachtbar, weit jenseits der Planetenbahnen in der sogenannten Oortschen Kometenwolke, die bis an die Grenzen des Anziehungsbereichs unserer Sonne, also rund 2 Lichtjahre ins All hinaus, reicht. Ein Komet besteht aus Kern, Koma und Schweif.

Bei den Kometenkernen handelt es sich um etwa 10 km große Eisbrocken, die sich bei der Entstehung des Sonnensystems bildeten. In diese Eisklötze sind Staubkörnchen sowie größere Stein- und Eisenstücke eingebaut, so daß man die Kometenkerne oft als "schmutzige Schneebälle" bezeichnet. Immer wieder kommt es vor, daß ein Komet durch den Einfluß anderer Gestirne aus der Oortschen Wolke geschleudert wird und sich danach auf einer langgestreckten Ellipsenbahn der Sonne nähert. Der Kern beginnt zu verdampfen, und um ihn bildet sich eine Gas- und Staubwolke, die Koma. Der Sonnenwind, den wir in einem früheren Kapitel kennengelernt haben, reißt die Komateilchen mit sich, und es bildet sich der oft viele Millionen kilometerlange Kometenschweif, an dessen Entstehung auch der Strahlungsdruck der Sonne mitwirkt. Der Schweif teilt sich meist in einen geraden „Ionenschweif" und einen leicht gekrümmten „Staubschweif" auf und ist immer von der Sonne weggerichtet, egal in welcher Richtung sich der Komet bewegt. Es kommt nun oft vor, daß ein Schweifstern durch einen Planeten von seiner ursprünglichen Bahn abgelenkt wird, die ihn eigentlich wieder für Jahrhunderttausende in die Tiefen des Alls geführt hätte. Der Komet wird auf eine verhältnismäßig kleine Ellipse umgelenkt und kommt nun alle 10, 100 oder wie beim Halleyschen Kometen alle 76 Jahre in Sonnennähe. Bei jeder Annäherung an unser heißes Zentralgestirn verdampft er teilweise und löst sich im Laufe der Zeit immer mehr auf. Beim Halleyschen Kometen, der 1986 an der Erde vorbeizog, hatte man beim Betrachten von Nahaufnahmen der Sonde Giotto den Eindruck, daß sein Kern sehr dunkel, also nicht mehr hell wie Schnee ist. Vielleicht ist ein großer Teil seines Eises bereits verdampft.

Kometen, die auf verhältnismäßig kleinen Ellipsen in 3 bis 200 Jahren die Sonne umkreisen, bezeichnet man als kurzperiodisch. Zu ihnen gehören der schon erwähnte Halleysche Komet, bei dem zum erstenmal die wahre Bahnform eines Schweifsterns erkannt wurde, aber auch die Kometen Encke mit 3,3 und Tuttle mit 13,6 Jahren Umlaufzeit.

Es kommt jährlich mehrere Male vor, daß die Erde auf ihrer Reise um die Sonne die Bahn eines ganz oder teilweise aufgelösten Kometen kreuzt. Die Bruchstücke des Schweifsterns, Staubkörner, Stein- und Eisenbrocken, stoßen dann mit großer Geschwindigkeit mit unserem Planeten zusammen und regen die Atome und Moleküle der Hochatmosphäre zum Leuchten an. Diese Lichterscheinungen nennt man Meteore oder Sternschnuppen, die in die Lufthülle eindringenden Körper Meteorite. Helle Meteore bezeichnet man als Feuerkugeln oder

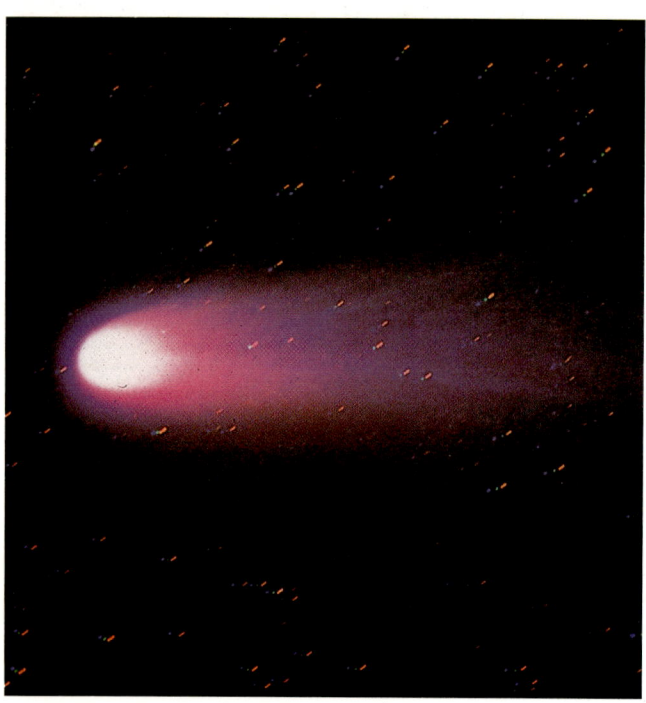

Der Halleysche Komet, fotografiert bei seinem Vorübergang 1986.

Giotto-Aufnahme des Halleyschen Kometen: aus dem dunklen Kern treten Gas- und Staubfontänen aus.

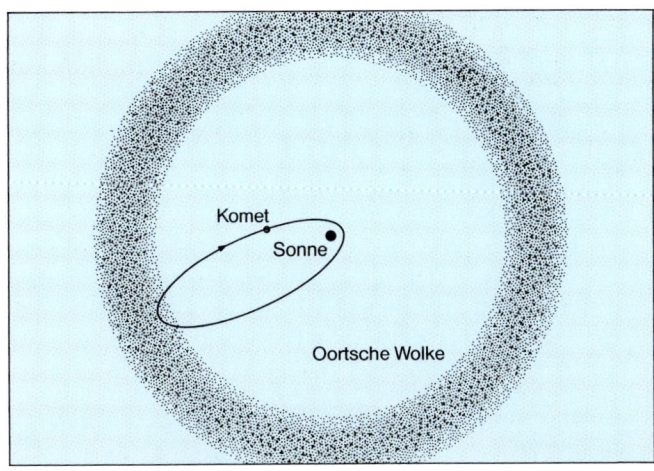

Immer wieder werden Kometen aus der Oortschen Wolke geschleudert und nähern sich der Sonne.

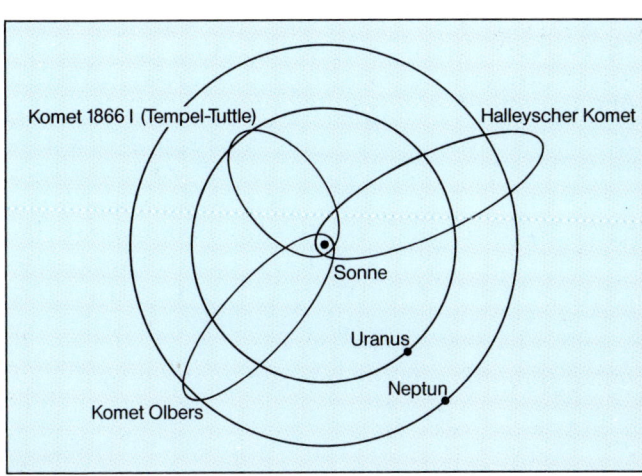

Die Bahnen einiger kurzperiodischer Kometen. Ihr berühmtester Vertreter Halley umrundet die Sonne in 76 Jahren.

Bolide. Nicht alle Meteorite stammen von Kometen. Manche dieser Stein- und Eisenstücke sind so groß, daß sie bis zur Erdoberfläche gelangen, also nicht beim Flug durch die Atmosphäre verbrennen oder verdampfen. Riesenmeteorite, die man schon als verirrte Kleinplaneten bezeichnen kann, können kilometergroße Einschlagkrater erzeugen, was glücklicherweise sehr selten vorkommt.

In den Morgenstunden beobachtet man mehr Meteore als in den Abendstunden, da der Himmelsteil, den man vor Sonnenaufgang sieht, in Fahrtrichtung des Raumschiffs Erde liegt. Besonders viele Meteorite werden eingefangen, wenn die Erde einen Teilchenstrom durchkreuzt. Die Sternschnuppen scheinen alle von einem Punkt herzukommen, den man als Radianten bezeichnet. Dieser Effekt kann bei einer Autofahrt durch einen Schneesturm beobachtet werden: Auch die Schneeflocken scheinen für die Wageninsassen von einem Punkt auszugehen und radial nach allen Seiten wegzufliegen.

Der bekannteste Sternschnuppenstrom, den wir bereits beim „Sternhimmel im August" kennengelernt haben, ist um den 11. 8. zu beobachten. Man nennt ihn „Laurentiustränen" oder Perseiden, da der Radiant im Sternbild Perseus liegt, das im August in den Morgenstunden hoch über dem Ostpunkt steht. Manchmal zählt man 100 Perseidensternschnuppen pro Stunde. Es gibt viele andere, aber schwächere Meteorströme. Zwei davon, die Mai-Aquariden und die Orioniden, gehen auf den Halleyschen Kometen zurück.

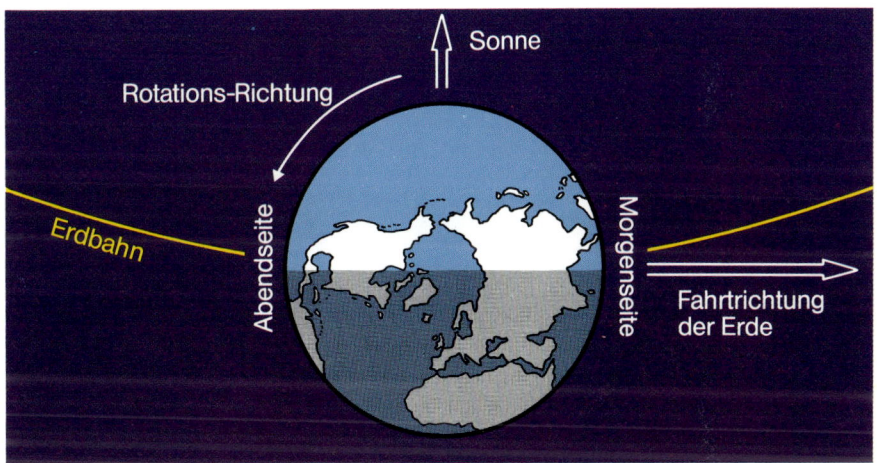

Der Morgenhimmel liegt in Fahrtrichtung des Raumschiffs Erde.

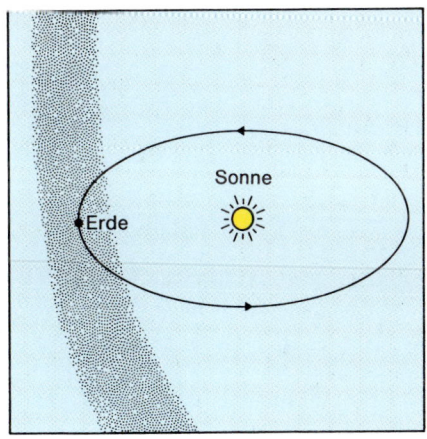

Durchkreuzt die Erde einen Teilchenstrom, so gibt es Sternschnuppenschauer.

Ein typischer Eisenmeteorit

Fixsterne

HELLIGKEIT, BEWEGUNG, ENTFERNUNG

Schon der große griechische Astronom Hipparch teilte im 2. vorchristlichen Jahrhundert die Sterne in 6 Helligkeits- oder „Größenklassen" ein, wobei er die hellsten Objekte als Sterne 1. Größe, die gerade noch mit bloßem Auge sichtbaren als Sterne 6. Größe bezeichnete. Im 19. Jahrhundert wurde die Differenz zwischen 2 Größenklassen genau festgelegt, und zwar so, daß ein Stern 1. Größe 2,512mal heller strahlt als ein Stern 2. Größe. Dessen Intensität ist wiederum 2,512mal höher als die eines Sterns der 3. Größe.

Heute kann man mit Großteleskopen Sterne bis zur 23. Helligkeitsklasse beobachten. Für besonders helle Objekte hat man auch negative Werte eingeführt. So hat Sirius die Helligkeit $-1,6^m$ (^{m} = magnitudo = Größe), die Sonne $-26,8^m$. Bis zur 6., gerade noch mit bloßem Auge sichtbaren Helligkeitsklasse kennt man rund 5000 Sterne, mit Hilfe von lang belichteten Fotoplatten kann man bis zu 10 Milliarden nachweisen.

Die scheinbare Helligkeit eines Sterns am Himmel sagt nichts über seine wahre Energieproduktion aus, er kann ja nah und klein oder fern und groß sein. Man hat daher eine absolute Helligkeit eingeführt, die ausdrückt, wie hell der Stern in einer Einheitsentfernung von 32,6 Lichtjahren wäre.

Unsere Sonne hat eine absolute Helligkeit von $+4,8^m$, wäre also in rund 30 Lichtjahren Entfernung gerade noch gut mit dem bloßen Auge zu erkennen.

Die Fixsterne sind streng genommen gar nicht am Himmel fixiert. Sie bewegen sich in bezug auf die Erde und untereinander. Man unterscheidet die tangentiale Eigenbewegung, die man in Bogensekunden (") pro Jahr ausdrückt, und die Radialgeschwindigkeit, mit der sich ein Stern auf uns zu oder von uns weg bewegt. Die höchste Eigenbewegung hat Barnards Pfeilstern im Schlangenträger mit 10,31", in 180 Jahren bewegt er sich etwa um einen scheinbaren Vollmonddurchmesser weiter. Die größten Radialgeschwindigkeiten von Einzelsternen betragen +534 km/s (von uns weg) und −405 km/s (aus uns zu). Während eines kurzen Menschenlebens macht sich die Eigenbewegung der Fixsterne kaum bemerkbar, und auch in den letzten 2000 Jahren haben sich die Sternbilder nur unmerklich verändert. Nach 100 000 Jahren jedoch wären so bekannte Sternbilder wie der Große Wagen und die Jungfrau nicht wiederzuerkennen.

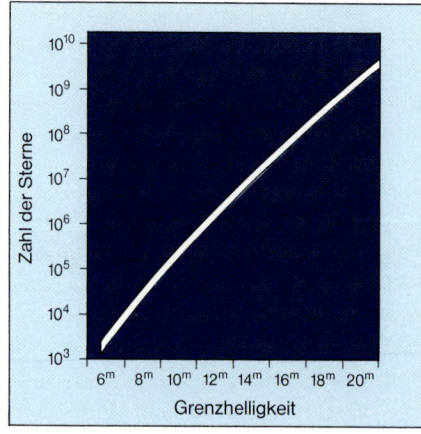

Die Gesamtzahl der Sterne bis zu einer bestimmten Grenzhelligkeit

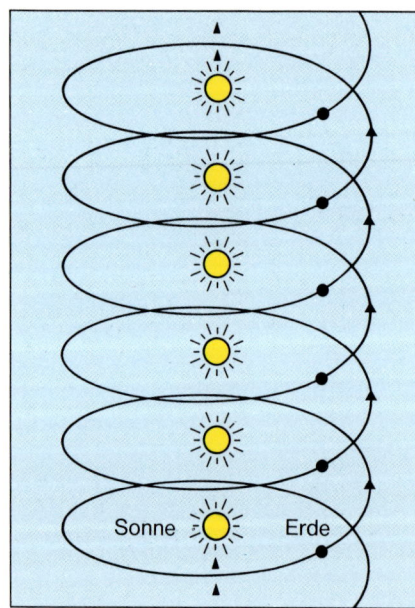

Die Schraubenbewegung der Erde um die Sonne

Auch unsere Sonne bewegt sich zwischen den Sternen weiter, und zwar nähert sie sich mit einer Geschwindigkeit von 19,4 km/s einem Punkt im Sternbild Herkules, den man als Apex bezeichnet. Die Erde dreht sich um die Sonne, von außen gesehen würde ihre Umkreisung des Zentralgestirns wie eine Schraubenbewegung aussehen. Außerdem nimmt die Sonne an der Rotation des Milchstraßensystems teil, dessen Zentrum sie mit einer Geschwindigkeit von 250 km/s in

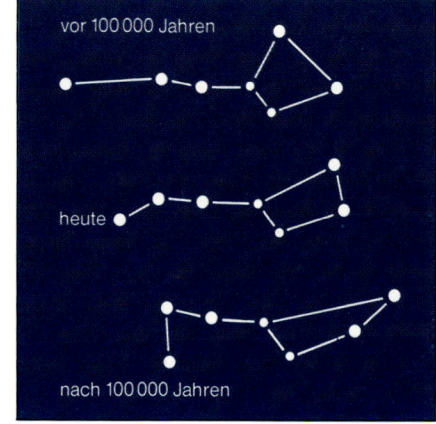

Oben: der Große Wagen vor 100 000 Jahren. Mitte: das Sternbild heute. Unten: der Große Wagen in 100 000 Jahren.

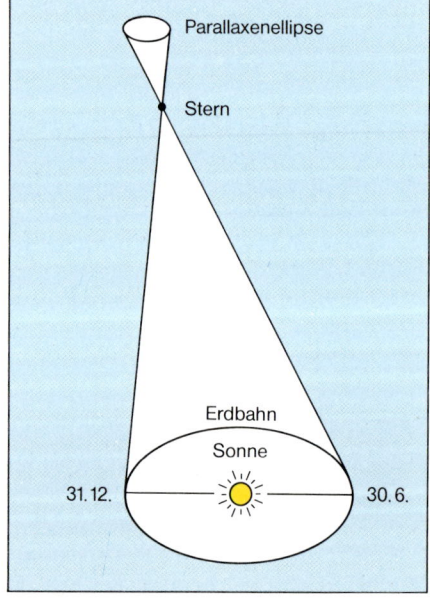

Aus der Parallaxenellipse bestimmt man die Entfernung eines Sterns.

rund 200 Millionen Jahren umkreist. Nicht nur unsere Erde, auch die Sonne hat also längst ihre Mittelpunktsstellung im All verloren.

Bis zum Beginn des 19. Jahrhunderts hatte man keine genauen Vorstellungen von den Fixsternentfernungen, allerdings ahnte schon Kopernikus, daß sie sehr viel weiter entfernt als die Planeten sein müßten.

Im Jahre 1838 gelang es dem deutschen Astronomen Bessel, erstmalig den Abstand eines Fixsterns zu messen. Das Prinzip dieser Messung ist einfach, die Ausführung jedoch schwierig. Bekanntlich umrundet unsere Erde die Sonne auf einer fast kreisförmigen Bahn, deren Durchmesser rund 300 Millionen km beträgt. Ein nicht zu weit entfernter Stern muß, von verschiedenen Punkten der Erdbahn aus betrachtet, gegenüber dem fernen Himmelshintergrund im Laufe des Jahres immer in etwas verschiedenen Richtungen stehen, also scheinbar eine kleine Ellipse durchlaufen, die man Parallaxenellipse nennt. Mißt man diese aus, so kann man bei bekanntem Erdbahndurchmesser die Entfernung des Sterns berechnen. Daß es nicht schon früher gelang, solche Ellipsen zu beobachten, liegt an den riesigen Entfernungen der Fixsterne. Von der nächsten Nachbarsonne aus betrachtet, hätte die ganze Erdbahn nur einen Durchmesser von rund 1,5 Bogensekunden, $1/1200$ des scheinbaren Vollmonddurchmessers!

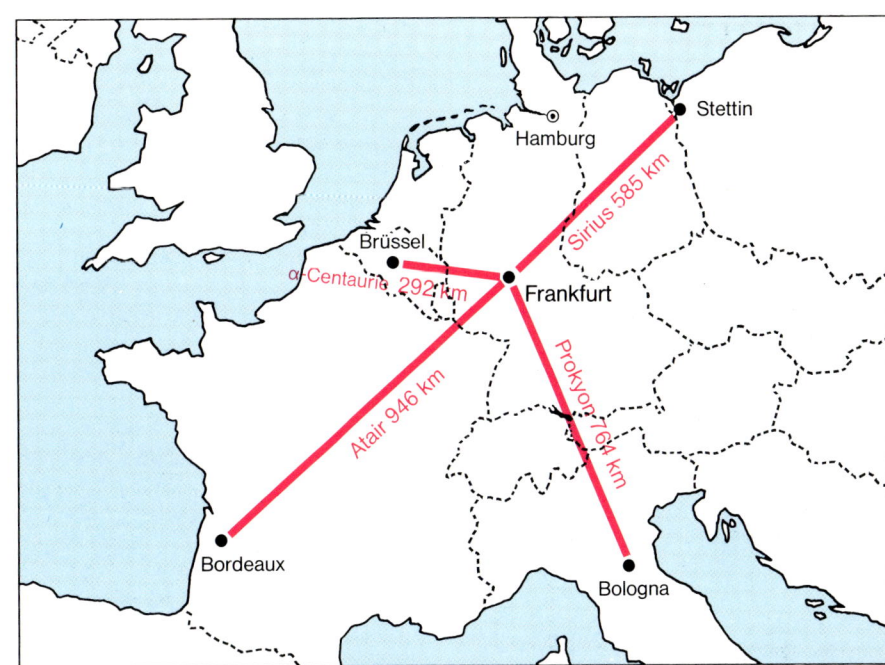

Stellt man sich unsere Sonne als Kirsche in Frankfurt vor, so liegen in demselben Maßstab ihre nächsten Nachbarn in Italien, Belgien oder Frankreich.

Der nächste Fixstern, ein kleiner Begleiter des Sterns α Centauri, hat eine Entfernung von 4,3 Lichtjahren, Sirius ist 8,7, Wega 27 Lichtjahre entfernt. Die hier beschriebene trigonometrische Methode der Entfernungsbestimmung bringt nur bis zu Abständen von rund 100 Lichtjahren genaue Ergebnisse. Bei weiter entfernten Sternen wendet man andere Methoden an, die darauf hinauslaufen, daß sich aus den physikalischen Eigenschaften des Sterns seine absolute Helligkeit bestimmen läßt. Aus dieser und der scheinbaren, also beobachteten Helligkeit kann man dann die Entfernung des Gestirns berechnen.

Die 15 hellsten Fixsterne		scheinbare	absolute
Stern		\multicolumn{2}{c}{Helligkeit}	
Sirius	α Canis Majoris	−1,6	+1,4
Kanopus	α Carinae	−0,86	−6
Toliman	α Centauri	0,06	+4,1
Wega	α Lyrae	0,14	+0,5
Kapella	α Aurigae	0,21	−0,6
Arkturus	α Bootis	0,24	−0,3
Rigel	β Orionis	0,34	−8,2
Beteigeuze	α Orionis	0,4–1,3	−5,9
Prokyon	α Canis Minoris	0,48	2,7
Achernar	α Eridani	0,68	−1,3
Agena	β Centauri	0,86	−4,3
Atair	α Aquilae	0,89	+2,4
Acrux	α Crucis	1,05	−3,4
Aldebaran	α Tauri	1,06	−0,6
Spika	α Virginis	1,21	−2,9

Oft bezeichnet man die Sterne mit griechischen Buchstaben und dem Genitiv des lateinischen Sternbildnamens.

Die 15 nächsten Fixsterne				
Name	Scheinb. Helligkeit	Absolute Helligkeit	Entfern. in Lichtj.	Eigenbeweg.
Prox. Centauri	11,3	15,7	4,3	3,36
α Centauri A	0,3	4,7	4,3	3,36
α Centauri B	1,7	6,1	4,3	3,85
+4.° 3561	9,5	13,1	6,0	3,67
Luyten 726–8A	12,4	16,2	6,5	3,67
Luyten 726–8B	13,0	16,7	6,5	10,25
Wolf 359	13,5	16,5	8,0	4,76
+36.2147	7,5	10,4	8,4	4,78
Sirius A	−1,6	1,4	8,6	1,32
Sirius B	8,5	11,4	8,6	1,32
Roß 154	10,5	13,2	9,3	0,67
Innes Stern	12	14,7	9,6	2,69
L. 789–6	12,3	14,9	9,9	3,27
Roß 248	12,2	14,7	10,4	1,82
ε Eridani	3,8	6,2	10,7	0,96

Fixsterne

MASSE, LEUCHTKRAFT, SPEKTRUM, DOPPELSTERNE, VERÄNDERLICHE

Für Fixsterne gibt es eine untere und eine obere Massengrenze. Liegt die Masse eines aus einem Gasnebel entstandenen Sterns unter 0,05 Sonnenmassen, so wird es im Inneren nicht heiß genug, um die Kernfusion, die Quelle der Sonnenenergie, in Gang zu setzen, er wird also kein selbstleuchtender Fixstern. Bei über 100 Sonnenmassen dagegen ist der Stern nicht stabil und wird gleich bei seiner Bildung wieder zerstört. So eng diese Massengrenzen sind, so gewaltig ist der Leuchtkraftunterschied zwischen den schwächsten und hellsten Sternen. Während es kleine rote Fixsterne gibt, die nur rund $1/10\,000$ der Sonnenleuchtkraft besitzen, übertreffen die massereichsten Sterne die Leuchtkraft unserer Sonne etwa um das 100 000fache. Sie gehen also sehr verschwenderisch mit ihrer Energie um und haben ein entsprechend kurzes Leben.

Für normale, noch nicht im Todeskampf stehende Sterne gibt es die sogenannte Masse-Leuchtkraft-Beziehung, der zu entnehmen ist, daß massereiche Sterne unvergleichlich mehr Energie erzeugen und abstrahlen als ihre kleineren Gegenstücke. Zerlegt man das Licht eines Sterns in einem Spektrographen in seine Bestandteile, die Regenbogenfarben, so erkennt man, daß diesem Farbband dunkle Linien überlagert sind. Diesen kann man entnehmen, aus welchen Stoffen die Sternatmosphären bestehen, welche Temperaturen und Magnetfelder dort herrschen und ob der Stern sich auf uns zu oder von uns weg bewegt. Das Farbband mit den dunklen „Fraunhoferschen Linien" nennt man Spektrum, die eben geschilderte Untersuchungsmethode Spektralanalyse. Je nach Oberflächentemperatur hat man die Sterne in verschiedene Spektralklassen eingeteilt, die man mit den Buchstaben O, B, A, F, G, K und M bezeichnet, wobei die bläulichen O-Sterne mit über 30 000° C am heißesten, die roten M-Sterne mit 3000° C am kühlsten sind. Unsere Sonne ist in dieser Skala mit ihren knapp 6000° C Oberflächentemperatur ein G-Stern. Sammelt man die absoluten Helligkeiten der Sterne auf der einen, die Spektralklassen oder Oberflächentemperaturen auf der anderen Seite und trägt sie in ein Diagramm ein, so findet man, daß fast alle Sterne in einem ganz engen Bereich, der Hauptreihe, zu finden sind. Man hat herausgefunden, daß diese Sterne ihre Energie durch den Aufbau von Wasserstoff zu Helium gewinnen, was fast ihr ganzes Leben lang der Fall ist. Erst im Todeskampf bläht sich ein Stern gewaltig auf, verläßt die Hauptreihe und wechselt in den Riesenbereich über. In dieser letzten Lebensphase gewinnt er seine Energie auch durch den Aufbau höherer chemischer Elemente wie Kohlenstoff und Sauerstoff. Arkturus und Beteigeuze sind solche Roten Riesen. Große Sterne können am Ende ihres Lebens explodieren. Ein solches katastrophales Ende bezeichnet man als Supernovaausbruch. Kleinere Sterne wie unsere Sonne dagegen stoßen nur eine äußere Gashülle ab und schrumpfen zu einem dichten Sternrest, einem Weißen Zwerg, zusammen, der eine Materiedichte von rund $1\,t/cm^3$ hat. In unserem Sonnensystem gibt es nur einen Fixstern, die Sonne, die von Kleinkörpern wie Planeten und Kometen umkreist wird. Es kommt nun sehr häufig vor, daß 2 oder auch mehrere Sonnen umeinander kreisen und ein System bil-

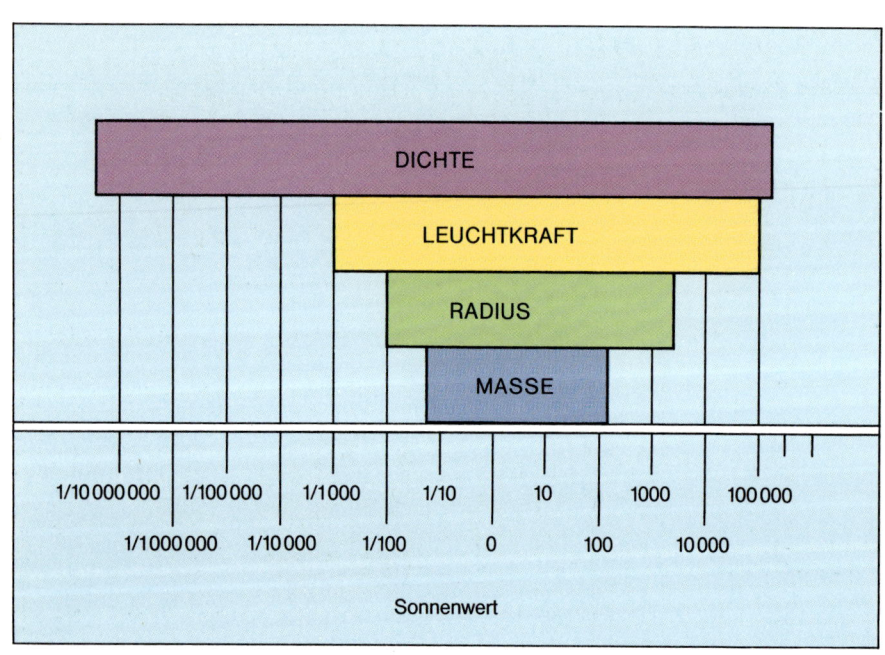

Die Grenzen für Masse, Radius, Dichte und Leuchtkraft der Fixsterne

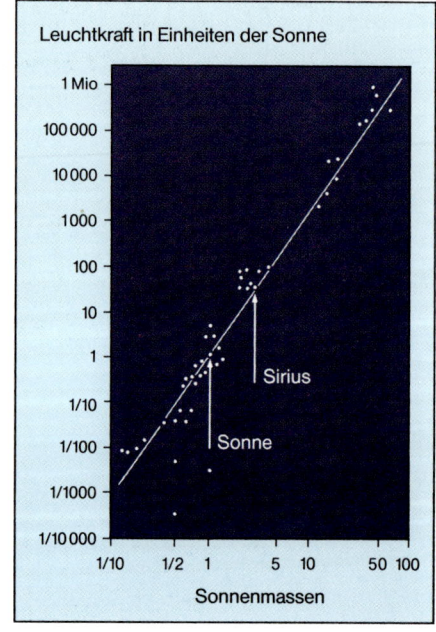

Die Masse-Leuchtkraft-Beziehung der Hauptreihensterne

Die Sternspektren geben Aufschluß über physikalische Größen.

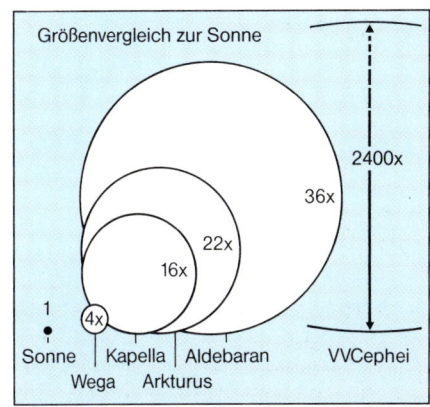

Es gibt viel größere Sterne als die Sonne.

den. Solche Sternfamilien nennt man <u>Doppel-</u> oder <u>Mehrfachsterne</u>. Einige von ihnen kann man schon mit dem bloßen Auge doppelt sehen, zum Beispiel den mittleren Deichselstern im Großen Wagen, um andere Doppelsterne zu entdecken, benötigt man einen Feldstecher oder ein Fernrohr.

Nicht alle Sterne leuchten mit konstanter Helligkeit, sondern zeigen einen periodischen Lichtwechsel, der verschiedene Ursachen haben kann. Bei <u>Bedeckungsveränderlichen</u> wie dem Stern Algol im Perseus handelt es sich um ein Doppelsternpaar. Die Bahnen der beiden Sterne liegen so, daß sie sich, von uns aus gesehen, immer wieder ganz oder teilweise gegenseitig bedecken. <u>Pulsierende Veränderliche</u> wie Mira im Walfisch oder der Stern δ Cephei blähen sich regelmäßig auf und sinken dann wieder in sich zusammen. Dabei ändern sich neben dem Durchmesser periodisch die Helligkeit und die Oberflächentemperatur des Sterns. Häufig kommt es vor, daß Sterne, die jahrhundertelang gleichmäßig geleuchtet haben, plötzlich sehr hell werden. Bei so einer <u>Nova</u> handelt es sich um einen Doppelstern, der aus einem Riesen und aus einem Weißen Zwerg besteht, zu dem Meterie des Riesensterns hinüberfließt, die schließlich wie eine Wasserstoffbombe explodiert. <u>Supernovaausbrüche</u> dagegen sind Explosionen massereicher Sterne, die am Ende ihrer Entwicklung stehen.

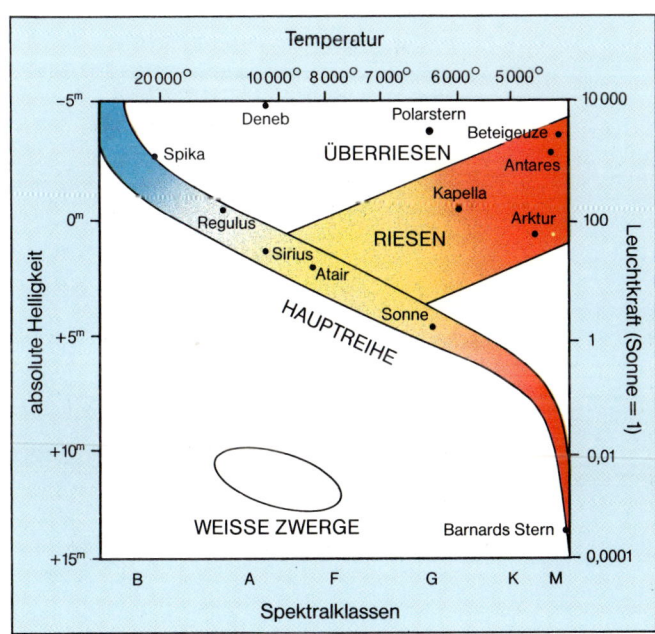

Das Hertzsprung-Russel-Diagramm mit Hauptreihe und Riesenbereich

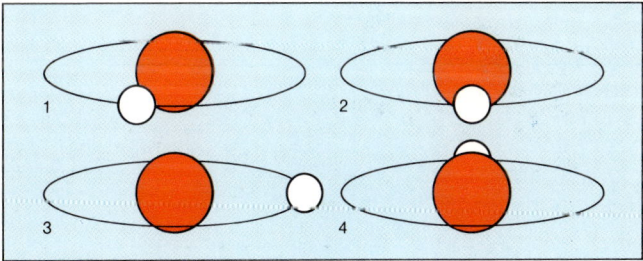

Bei Bedeckungsveränderlichen bedecken sich 2 Sterne gegenseitig.

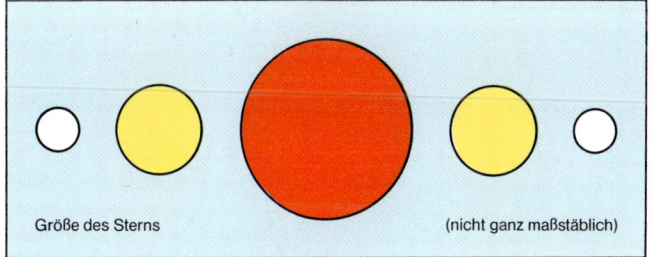

Ein pulsierender Veränderlicher bläht sich periodisch auf und fällt wieder in sich zusammen.

Sternhaufen und Nebel

Neben den schon erwähnten Doppel- und Mehrfachsternen findet man an vielen Stellen des Himmels auch Systeme, die aus Hunderten, Tausenden, ja Hunderttausenden von Fixsternen bestehen. Man unterscheidet die locker aufgebauten offenen Sternhaufen, die in der Regel zwischen 100 und 1000 Mitglieder haben, und die Kugelhaufen, deren Sternenzahl in die Hunderttausende gehen kann. Die bekanntesten offenen Sternhaufen sind wohl die Plejaden im Stier mit 160, h + χ im Perseus mit rund 700 und die Praesepe oder Krippe im Krebs mit etwa 600 Sternen. Der schönste Kugelsternhaufen der nördlichen Himmelshalbkugel ist M 13 im Herkules, dessen Sternzahl auf über 100 000 geschätzt wird. So verschieden die Sternhaufen auch sind, eines haben sie gemeinsam: ihre Mitglieder sind zusammen und fast „gleichzeitig" aus einer großen Gas- und Staubwolke entstanden, sind also alle etwa gleich alt. Während sich offene Sternhaufen im Laufe der Zeit auflösen können, ist dies bei den Kugelhaufen, die zu den ältesten Objekten im Kosmos zählen, praktisch nicht der Fall.

Neben vielen Sternhaufen entdeckt man schon mit bloßem Auge Nebelflecken am Himmel, die man oft als Gasnebel bezeichnet. Viele von ihnen, etwa der Orionnebel oder der Lagunennebel im Schützen, sind Stätten der Sternentstehung. Hier bilden sich vor den Augen der Astronomen aus riesigen, hauptsächlich aus Wasserstoff bestehenden Wolken noch heute neue Sonnen und Sonnensysteme. Aus den rund 100 bis 1000 Sternen, die in so einem Nebel entstehen, wird dann meist ein Sternhaufen. Bei den Plejaden kann man noch sehr schön Reste der großen Gas- und Staubwolke erkennen, aus der sich das Siebengestirn einst gebildet hat.

Häufig findet man auch Nebel, die nicht von der Geburt neuer Sterne, sondern im Gegenteil vom Tod im Weltall zeugen. Beim Ringnebel in der Leier beispielsweise hat ein sonnenähnlicher Stern am Ende seines Lebens eine Gaswolke abgestoßen, in deren Zentrum ein superdichter Sternrest, ein Weißer Zwerg, entsteht. Gebilde wie den Ringnebel bezeichnet man manchmal als „Planetarische Nebel", da sie ein wenig an ein Planetenscheibchen im Fernrohr erinnern. Beim Crabnebel im Stier erkennt man dagegen die Spuren einer Supernovaexplosion, die sich vor rund 1000 Jahren ereignet hat. Noch heute sieht man die auseinanderrasenden Gasmassen, in deren Mitte ein noch dichterer Sternrest, ein Neutronenstern oder Pulsar entstanden ist, bei dem ein Kubikzentimeter die Masse von rund 100 Millionen Tonnen hat und mehrere Sonnenmassen in einer rund 20 km großen Kugel zusammengequetscht sind. Ring- und Crabnebel sind dem Fernrohr vorbehalten, also nicht mit dem Feldstecher zu sehen.

Die Plejaden im Stier, ein offener Sternhaufen mit rund 160 Mitgliedern

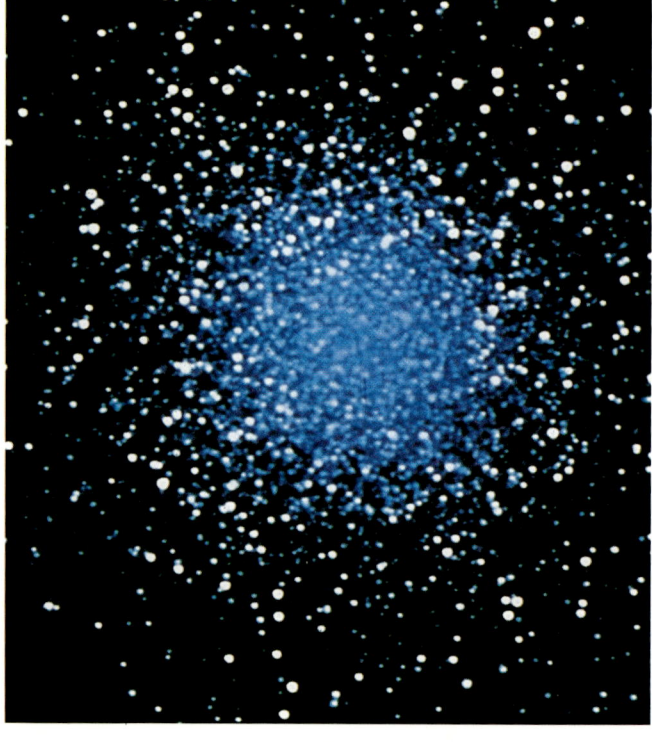

M 13 im Herkules, ein Kugelhaufen mit rund 100 000 Sternen

Der Orionnebel M 42: hier entstehen noch heute neue Sonnen und Sonnensysteme.

Der Lagunennebel M 8 im Schützen. Die M-Nummern gehen auf den französischen Astronomen Messier zurück.

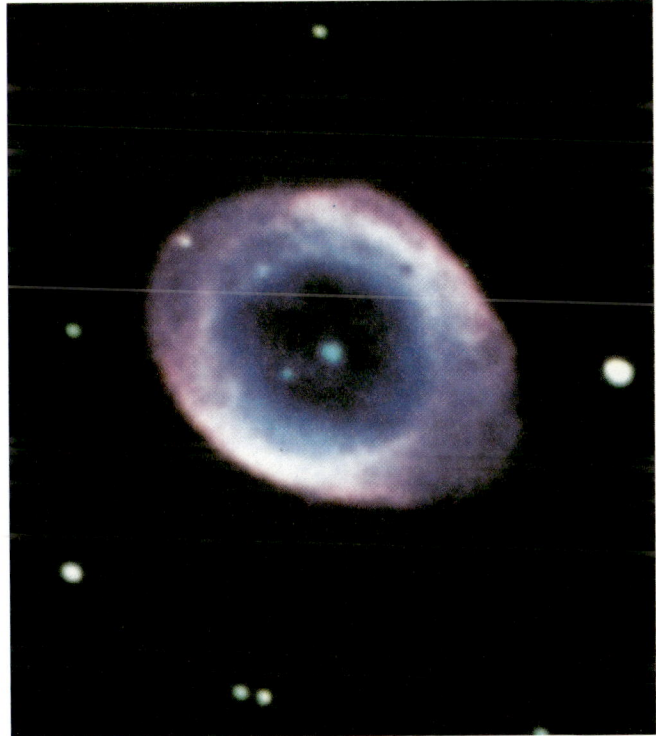

Der Ringnebel M 57 in der Leier. Eine sterbende Sonne hat eine Gaswolke abgestoßen, in deren Zentrum ein Weißer Zwerg entsteht.

Der Crabnebel M 1 im Stier. Hier explodierte vor rund 1000 Jahren ein Stern.

Das Milchstraßensystem

Alle Planeten, Sterne, Sternhaufen und Nebel, die wir in den bisherigen Kapiteln kennengelernt haben, gehören zu einem gewaltigen Feuerrad, das aus etwa 200 Milliarden Sonnen, unzähligen Planeten und Monden sowie großen Gas- und Staubmassen aufgebaut ist, zum Milchstraßensystem. Schon lange wußte man, daß unsere Galaxis oder Milchstraße eine flache, etwa tellerförmige Sternscheibe sein müsse, aber erst in den letzten Jahrzehnten konnten Umfang, Masse und Struktur des Systems genauer erforscht werden.

Sehr vereinfacht ausgedrückt, ist das Milchstraßensystem eine große Scheibe mit einem Durchmesser von rund 100 000 Lichtjahren und einer Dicke, die in den Randbereichen rund 3000 Lichtjahre beträgt. Der dichte Kern des Systems erreicht allerdings eine Dicke von 17 000 Lichtjahren. In der Scheibe befinden sich spiralförmige Verdichtungen, in denen noch heute aus riesigen Gaswolken neue Sterne entstehen, die Spiralarme.

Wie schon angedeutet, liegt die Gesamtmasse des Milchstraßensystems bei rund 200 Milliarden Sonnenmassen. Unsere Sonne ist nur einer von Milliarden und aber Milliarden Sternen dieser großen Welteninsel und befindet sich nicht, wie man früher glaubte, im Zentrum, sondern eher am Rande der großen Scheibe. Unser Sonnensystem ist rund 30 000 Lichtjahre vom Zentrum entfernt, liegt fast genau auf der Mittelebene der Scheibe und nimmt an der Rotation des Milchstraßensystems teil, dessen Zentrum es mit einer Geschwindigkeit von 250 km/s einmal in 220 Millionen Jahren umrundet.

In der Nähe unserer Sonne, im sogenannten „Orionarm", ist die Sterndichte gering, und es kann praktisch nicht zu Zusammenstößen kommen. Im Zentrum dagegen ist die Materiedichte extrem hoch. Blicken wir in Richtung der Scheibenebene, so sehen wir viele Sterne des eigenen Systems, wir erkennen das Band der Milchstraße. Schauen wir dagegen senkrecht aus der Scheibe hinaus, so liegen weniger Gestirne unserer eigenen Galaxis in unserer Blickrichtung, so daß man in die Tiefen des Alls blicken kann, wo sich Milliarden andere Galaxien befinden.

Die Milchstraßenscheibe wird von einem Halo umgeben, der das tellerförmige System zur Kugel ergänzt und hauptsächlich aus den Kugelhaufen, aber auch aus Einzelsternen besteht. Die Halo-Objekte sind die ältesten Sterne des gesamten Milchstraßensystems, und man nimmt an, daß dies mit der Bildung unserer Galaxis vor rund 10 Milliarden Jahren zusammenhängt. Aus einer zunächst etwa kugelförmigen Gaswolke sollen sich die ersten Sternhaufen, die Kugelhaufen, gebildet haben, bevor sich der Rest der Wolke zusammenzog, immer schneller zu drehen begann und zur Scheibe abplattete.

Unser Milchstraßensystem mit seinen Spiralarmen

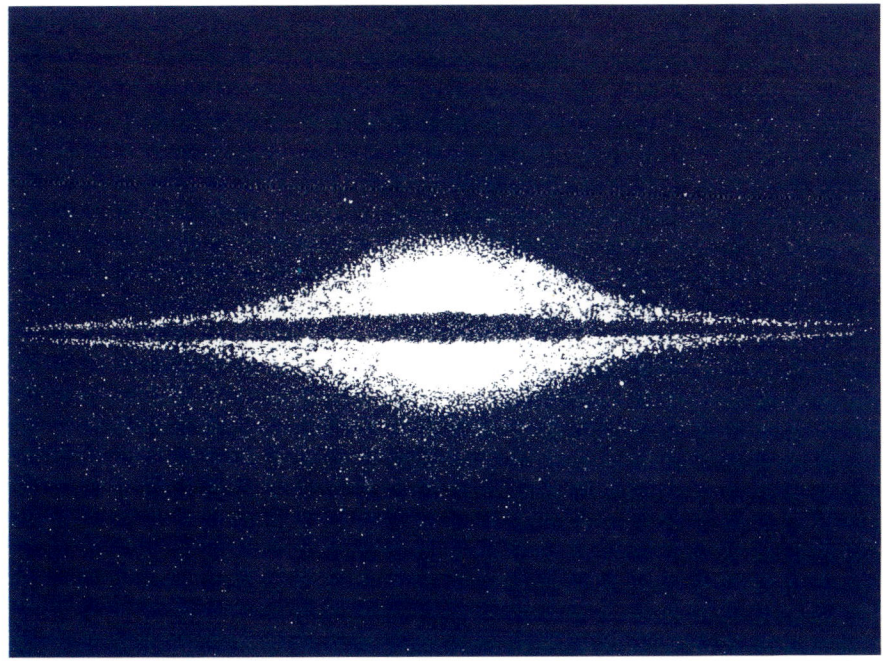

Unsere Galaxis von der Seite gesehen. Die Kugelhaufen und Einzelsterne im Halo ergänzen das System zur Kugel.

Ein Blick in die Milchstraße. Man sieht Nebelwolken und Tausende von Sternen.

Unser Milchstraßensystem in Zahlen
Durchmesser: 100 000 Lichtjahre
Gesamtmasse: 200 Milliarden Sonnenmassen
Dicke des Systems im Kernbereich: 17 000 Lichtjahre
Dicke des Systems in den äußeren Bereichen der Scheibe: 3000 Lichtjahre
Durchmesser des Halos: 160 000 Lichtjahre
Distanz der Sonne vom Zentrum des Systems: 30 000 Lichtjahre
Distanz der Sonne von der Ebene des galaktischen Systems: 45 Lichtjahre
Mittlere Distanz zwischen den Spiralarmen: 4000 Lichtjahre
Absolute Helligkeit des Systems (visuell): -20^m5
Gesamtleuchtkraft: 10^{44} erg/s (10^{37} Watt)
Rotationsgeschwindigkeit im Bereich der Sonne: 250 km/s
Rotationszeit im Bereich der Sonne: 220 Millionen Jahre
Geschätzte Zahl der Kugelhaufen: 300
Geschätzte Zahl der offenen Sternhaufen: 15 000
Alter des galaktischen Systems: etwa 10 Milliarden Jahre

Ferne Galaxien

In dunklen, mondlosen Herbstnächten erkennt man im Sternbild Andromeda ein blasses Wölkchen, das wegen seines diffusen Aussehens in früheren Zeiten den Namen „Andromedanebel" bekam. Bis in unser Jahrhundert hinein war man davon überzeugt, in der Andromeda ein ähnliches Gebilde wie den Orionnebel gefunden zu haben, nämlich eine Gas- und Staubwolke. Wegen ihrer spiralförmigen Verdichtungen nannte man Gebilde wie den Andromedanebel „Spiralnebel". Heute wissen wir, daß es nicht nur unsere Milchstraße mit ihren rund 200 Milliarden Sonnen gibt, sondern darüber hinaus unzählige andere solche Galaxien, und daß auch der „Andromedanebel" zu ihnen gehört.

Betrachtet man eine moderne Aufnahme dieses Systems, so kann man in seinen Randbereichen leicht Einzelsterne erkennen. Nicht alle Galaxien haben eine Spiralstruktur wie unser Milchstraßensystem oder der Andromedanebel. Es gibt Galaxien mit einem balkenförmigen Kern, die Balkenspiralen, aber auch Systeme, die aussehen wie große, mehr oder weniger abgeplattete Kugelhaufen, die elliptischen Galaxien. Einige Objekte sind auch völlig chaotisch geformt. Man nennt sie irreguläre Galaxien.

Genauso wie eine Sonne Planeten hat, können große Milchstraßensysteme „Ableger" haben. So hat unsere Galaxis 2 Begleiter, die Magellanschen Wolken, die rund 160 000 Lichtjahre von uns entfernt sind und etwa 6 beziehungsweise 14 Milliarden Sterne besitzen. Auch der 2 Millionen Lichtjahre entfernte Andromedanebel hat Trabanten, die elliptisch sind, während die Magellanschen Wolken zur Klasse der irregulären Galaxien gehören. Unser Milchstraßensystem, der Andromedanebel, ihre engsten Begleiter und rund 20 andere Galaxien bilden eine noch größere Familie, einen Galaxienhaufen, den man „lokale Gruppe" nennt. Ihr größtes Mitglied ist der Andromedanebel mit rund 400 Milliarden Sonnenmassen, während unsere Milchstraße nur auf Platz 2 der lokalen Rangliste steht. Während unsere lokale Gruppe nur wenige Mitglieder hat, kennen wir Galaxienhaufen, in denen Tausende von Milchstraßensystemen versammelt sind. Der Virgohaufen mit seinen 2500 Mitgliedern gehört dazu. Man nimmt an, daß die gesamte lokale Gruppe eine Art Außenposten des Virgohaufens ist und diesen wie ein Satellit umkreist.

Sieht man einmal von den nächsten Nachbarn ab, so haben alle fernen Galaxien eines gemeinsam: sie bewegen sich von uns weg, und zwar um so schneller, je weiter sie von uns entfernt sind. Einen ähnlichen Eindruck hätte man von jedem anderen Punkt des Universums. Es sieht so aus, als wäre das ganze Weltall vor rund 10 bis 20 Milliarden Jahren durch eine gewaltige Urexplosion, den Urknall, entstanden, auf den es heute auch viele andere Hinweise gibt. Seitdem dehnt sich das Universum aus, es expandiert. Ob das Weltall endlich oder unendlich groß ist und ob die Expansion ewig dauern wird, ist heute noch nicht eindeutig geklärt. Vielleicht wird das Universum diese seine letzten Geheimnisse auch nie preisgeben.

Spiralgalaxie

Einige Galaxienhaufen			
Haufen	Zahl der Galaxien	Entfern. in Mill. Lichtj.	Radialgeschw. in km/s
Virgo	2500	62	+ 1 180
Pegasus I	100	212	+ 3 700
Pisces	100	215	+ 5 000
Cancer	150	261	+ 4 800
Perseus	500	316	+ 5 400
Coma	800	368	+ 6 700
Hercules	300	570	+10 300
Leo	300	1010	+19 500
Corona borealis	400	1140	+21 600
Bootes	150	2120	+39 400
Hydra		3260	+60 600

Die lokale Gruppe					
Name des Systems	Typ	Durchmesser in Lichtjahren	Entfernung in Lichtjahren	Radialgeschwindigkeit in km/s	Masse in Sonnenmassen
Milchstraßensystem	Sb	100 000	–	–	$2 \cdot 10^{11}$
Gr. Magellansche Wolke	Ir od. SBc	21 000	165 000	+280	$1{,}4 \cdot 10^{10}$
Kl. Magellansche Wolke	Ir	10 000	165 000	+167	$6 \cdot 10^{9}$
M 31 (Andromedanebel)	Sb	150 000	2 250 000	−310	$4 \cdot 10^{11}$
M 32 (Begleiter des Andromedanebels)	E 2	2 300	2 250 000	−210	$4 \cdot 10^{9}$
NGC 205	E 6	7 800	2 250 000	−240	–
M 33 (Dreiecksnebel)	Sc	46 000	2 450 000	−190	$1{,}4 \cdot 10^{10}$
LGS 3 (Begl. von M 33 ?)	E ?	~1 000	2 700 000	−280	$1{,}5 \cdot 10^{7}$
Sculptor-System	E	6 300	280 000	–	$3 \cdot 10^{6}$
Fornax-System	E	20 000	600 000	+ 40	$2 \cdot 10^{7}$
NGC 6822	Ir	7 500	1 600 000	− 40	–
NGC 147	E 4	4 600	2 250 000	–	–
NGC 185	E 0	3 250	2 250 000	−340	–
IC 1613	Ir	10 000	2 250 000	−240	–
Wolf-Lundmark-System	E 5	5 000 ?	1 600 000 ?	− 80	–
Leo-System I	E 3	6 000	850 000	–	–
Leo-System II	E 1	4 200	600 000	–	–
Draco-System	E	3 300	260 000	–	–
Ursa minor-System	E	1 000	165 000	–	–
Maffei 1	E 3	?	3 300 000 ?	+ 17 ?	$2 \cdot 10^{11}$
And I (neu entdeckte Begleiter des Andromedanebels)	E	~3 000	2 250 000	–	–
And II	E	~3 000	2 250 000	–	–
And III	E	~3 000	2 250 000	–	–
And IV	E ?	~3 000	2 250 000	–	–

Balkenspirale

Elliptisches System

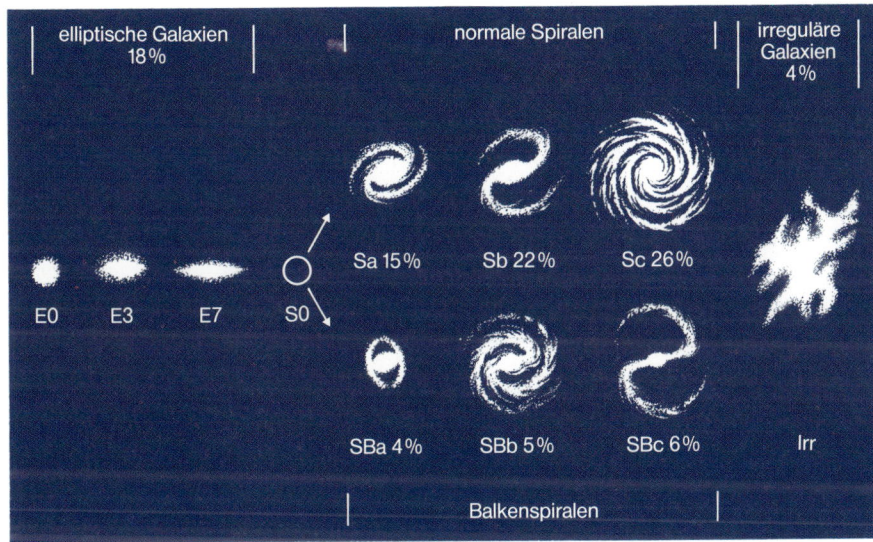

Systematische Zusammenfassung der Galaxienformen

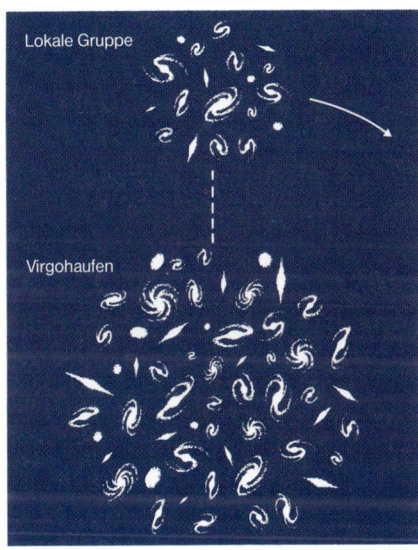

Die lokale Gruppe umkreist wie ein Satellit den Virgo-Haufen.

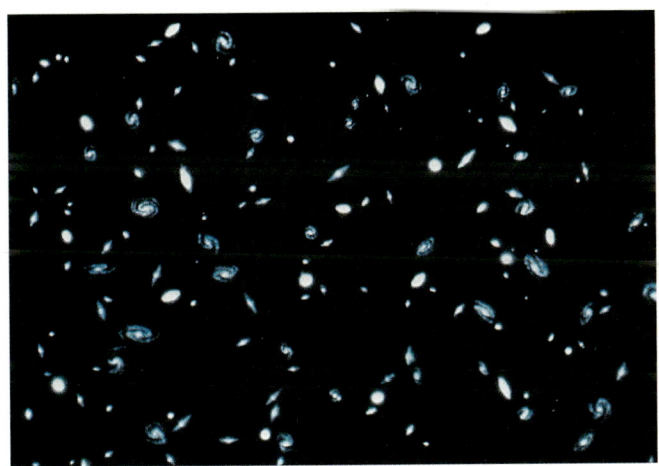

Blick in einen Galaxienhaufen

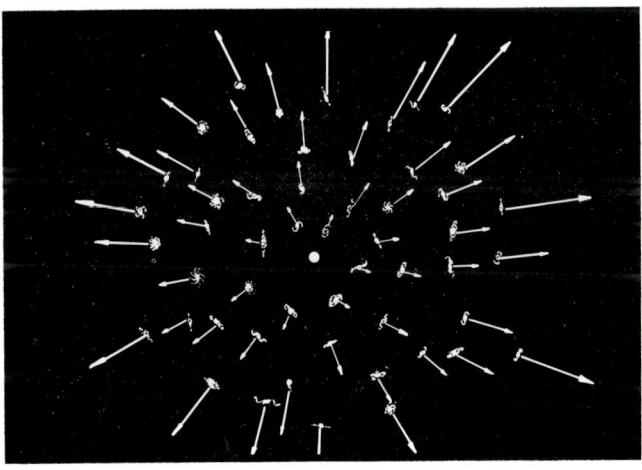

Das Universum dehnt sich aus, es expandiert.

Glossar

Albedo:	Lichtreflexionsvermögen eines Körpers
Aphel:	Sonnenfernster Punkt einer Planeten- oder Kometenbahn
Asteroid:	Kleinplanet oder Planetoid
Astronomische Einheit:	Mittlere Entfernung Erde–Sonne = 149 597 870 km
Bahnstörung:	Unregelmäßigkeiten in der Bahnbewegung eines Himmelskörpers durch die Gravitationswirkung eines anderen Körpers
Chromosphäre:	Über der Photosphäre und unter der Korona liegende Sonnenschicht
Ekliptik:	Scheinbare jährliche Sonnenbahn, auf ihr liegen die Tierkreissternbilder
Elongation:	Winkelabstand eines Planeten von der Sonne oder eines Mondes von seinem Planeten
Fackeln:	Helle Gebiete in der Photosphäre der Sonne
Finsternis:	Volles oder teilweises Verschwinden eines Himmelskörpers hinter einem anderen oder im Schatten eines anderen Himmelskörpers
Fixstern:	Ferne Sonne
Flares:	Plötzliche helle Strahlungsausbrüche in den äußeren Schichten der Sonne
Frühlingspunkt:	Schnittpunkt von Ekliptik und Himmelsäquator, bei dem die Sonne diesen von S nach N überschreitet
Galaxie:	Milchstraßensystem mit Milliarden oder Billionen von Sternen
Galaxienhaufen:	Gruppe von Galaxien
Größe:	Maß für die Helligkeit eines Himmelskörpers
Himmelsäquator:	Großkreis, der durch die Projektion des Erdäquators auf die Himmelskugel entsteht
Komet:	Schweifstern, der in Sonnennähe teilweise verdampft und Staub verliert. Dampf und Staub bilden die Koma und den typischen Schweif
Konjunktion:	Scheinbare enge Begegnung von Himmelskörpern
Korona:	Äußerer Teil der Sonnenathmosphäre mit geringer Dichte und hoher Temperatur
Kulmination:	Maximale Höhe eines Himmelskörpers über dem Horizont
Lichtjahr:	Entfernungsmaß. Strecke, die das Licht in einem Jahr im Vakuum zurücklegt ($9{,}46 \times 10^{12}$ km = 63240 astronomische Einheiten)
Meteor:	Durch Meteoriten erzeugte Leuchterscheinung
Meteorit:	Stein- oder Eisenbrocken aus dem Sonnensystem; teilweise Bruchstücke von aufgelösten Kometen oder zerschmetterten Kleinplaneten
Opposition:	In Opposition steht ein Planet, von uns aus gesehen, der Sonne genau gegenüber
Parallaxe:	Scheinbare Ortsveränderung eines Objekts infolge der wirklichen Ortsveränderung des Beobachters
Parsec:	Entfernungseinheit = 3,2616 Lichtjahre
Perihel:	Sonnennächster Punkt einer Kometen- oder Planetenbahn
Photosphäre:	Sichtbare Oberflächenschicht der Sonne
Planet:	Mittelgroßer, nicht selbstleuchtender Körper, der die Sonne umkreist
Planetoid:	Kleinplanet (Durchmesser ≈ 1–1000 km)
Siderische Umlaufzeit:	Dauer des Umlaufes eines Himmelskörpers gegenüber dem Fixsternhimmel
Sonnenflecken:	Dunkle, durch Magnetfelder hervorgerufene Flecken auf der Sonne, die meist gruppenweise auftreten
Sonnensystem:	Gruppe von Himmelskörpern bestehend aus: Sonne, Planeten, Monden, Planetoiden, Kometen und Meteoriten
Sonnenwind:	Teilchenstrom von der Sonne
Spektrum:	Auffächerung der Strahlungsenergie nach Wellenlänge
Sternbild:	Aus Fixsternen gebildete Sternfigur
Synodische Umlaufzeit:	Zeitintervall, in dem sich, von uns aus gesehen, die scheinbaren Stellungen eines Planeten zur Sonne (z. B. Opposition) wiederholen
Tierkreis:	Gürtel von Sternbildern, in denen Sonne, Mond und Planeten zu finden sind
Zenit:	Höchster Punkt des Himmels

„Vertraut mit den Wundern des Weltraums"

Ebenso wie die Kunst ästhetische Wünsche und Gefühle des Menschen befriedigt, so bietet ein wissenschaftliches Hobby, oder besser „Wissenschaft als Hobby" die gleiche Befriedigung für den menschlichen Intellekt.

Machen Sie deshalb sich und Ihre Kinder **vertraut mit den Wundern des Weltraums.** Sie werden ein Leben lang von einem besonders faszinierenden Wissen profitieren.

Seit mehr als 20 Jahren beliefern wir Amateur-Astronomen, Schulen und Universitäten mit astronomischen Geräten. Unsere eigene Fertigung reicht heute von der Herstellung von Diaserien über unser weltbekanntes Baader Planetarium — bis zur Konstruktion und Herstellung von Privat- und Groß-Sternwarten-Kuppeln. Unser Lieferprogramm umfaßt alles, was für den Bereich Astronomie gut und sinnvoll ist.

Wir stehen Ihnen gerne mit unserer 20jährigen Erfahrung zur Verfügung und haben auch für Sie und Ihre Kinder die richtige Anregung, wie zum Beispiel diese:

Baader Planetarium

Die möglichst realistische Darstellung der Bewegungsverhältnisse von Erde und Mond um die Sonne war unser Hauptanliegen bei der Konstruktion dieses Gerätes. Was sich jedoch durch die Verbindung mit dem umgebenden Sternglobus alles herleiten läßt, übertrifft die Möglichkeiten früherer Modelle um ein Vielfaches und reicht von der einfachen Darstellung von Tag und Nacht bis zur Projektion des Nachthimmels für jede Jahreszeit und jede Position auf der Erde. Jetzt läßt sich alles demonstrieren, was das räumliche Vorstellungsvermögen des Menschen übersteigt und was man einem Kind — auch nicht mit der besten Erklärung — verständlich machen kann.

Celestron-Teleskope

sind heute mit Abstand die weitverbreitetsten Marken-Fernrohre in der ganzen Welt. Die überragende optische Qualität, verbunden mit der äußerst kompakten Bauweise haben zu dieser Vorrangstellung geführt. Verschiedene Versionen der mittlerweile legendären Celestron 8 Optik — mit Gabelmontierung oder deutscher Montierung nach Fraunhofer sowie anschließbare Computer machen die Beobachtung für Sie und Ihre Kinder zum Vergnügen.

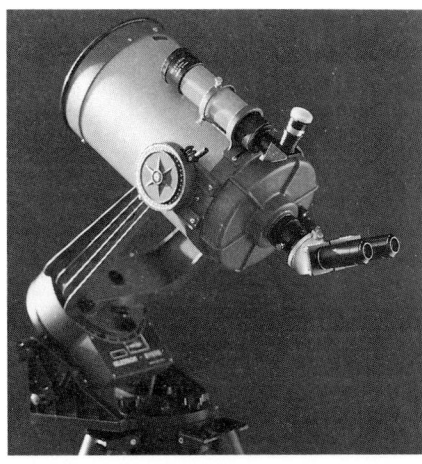

Sternwarten-Kuppeln aus GFK

Eine permanente Aufstellungsmöglichkeit für das Teleskop — ohne lästige Herumtragerei — ist der Wunschtraum aller Amateure und ein Muß für Schulen, wo ansonsten die halbe Beobachtungszeit mit dem korrekten Aufstellen des Gerätes verbracht wird. Wir stellen solche Kuppeln in einfacher Ausführung (aber auch mit allen technischen Raffinessen) selbst her und liefern in Größen von 2—12 Metern Durchmesser Kuppeln, die dem neuesten Stand der Technik entsprechen. Anders als eine Hütte mit abfahrbarem Dach bietet die klassische, auch ästhetisch schöne Kuppel perfekten Windschutz (Winter), Abschirmung gegen das heute so häufig störende Streulicht und Schutz gegen das lästige Beschlagen der Fernrohroptik.

Farbdia-Serien „Astronomie"

Die sehr verbesserte Qualität und Empfindlichkeit von Farbfilmen, ebenso wie die neue Generation von großen und kleinen Teleskopen, haben der Astro-Farbphotographie einen unvorhersehbaren Aufschwung gegeben. Unsere Diaserien (mit detaillierter Beschreibung) sind sorgfältig nach der astronomischen Thematik geordnet und enthalten weltberühmte Aufnahmen, z. B. die besten NASA-Dias über alle Planeten des Sonnensystems, Aufnahmen von Großsternwarten über Galaxien, Sonne, Sternenhimmel, aber auch Dias, die mit Celestron-Teleskopen gemacht wurden und die überragende Qualität dieser Fernrohre belegen.

Astronomische Literatur

Sternkarten, Jahrbücher, Kalender, drehbare Sternkarten u.v.a.

Für detaillierte Beratung — auch Vorführung — stehen wir Ihnen in München gerne zur Verfügung, bitten jedoch um vorherige telefonische Anmeldung.

Prospekte bitten wir schriftlich gegen eine Schutzgebühr von DM 5,— anzufordern.

BAADER PLANETARIUM KG
POSTF. 2 10 30 90 · 8000 MÜNCHEN 21
TELEX 5212857 · TELEFON (089) 56 79 39

Zum selben Thema ist im Falken-Verlag außerdem das Buch „Astronomie als Hobby" (Nr. 0572) erschienen.

CIP-Kurztitelaufnahme der Deutschen Bibliothek

Übelacker, Erich:
Astronomie im Bild: unser Sternenhimmel rund ums Jahr/ Erich Übelacker. — Niedernhausen/Ts.: Falken-Verlag, 1987.
 (Falken-Bücherei)
 ISBN 3-8068-0849-X

ISBN 3 8068 0849 X

© 1987 by Falken-Verlag GmbH, 6272 Niedernhausen/Ts.
Titelfotos: NASA, Archiv Baader Planetarium, München, re.; USIS, Bonn, li. o.; li. u.
Zeichnungen und grafische Gestaltung: Gerhard Wawra, Wiesbaden; Wally Löw, S. 79 li. o.; Uta Übelacker, S. 85 re. u.
Die Ratschläge in diesem Buch sind von Autor und Verlag sorgfältig erwogen und geprüft, dennoch kann eine Garantie nicht übernommen werden. Eine Haftung des Autors bzw. des Verlages und seiner Beauftragten für Personen-, Sach- und Vermögensschäden ist ausgeschlossen.
Satz: TypoBach, Wiesbaden
Druck: Karl Neef GmbH & Co., Wittingen

817 2635 4453 6271

Bildquellenverzeichnis:
Baader Planetarium, München: S. 61 li. u. US Naval Observatory, Archiv BPL.; S. 64 li. NASA, Archiv BPL.; S. 66 re. NASA, Archiv BPL.; S. 70 re. u. NASA, Archiv BPL.; S. 71 M. u. NASA, Archiv BPL.; re. u. NASA, Archiv BPL.; S. 72 li. o. NASA, Archiv BPL., M. o. US Naval Observatory Archiv BPL.; li. u. NASA, Archiv BPL., M. u. NASA, Archiv BPL., li. u. NASA, Archiv BPL.; S. 73 alle NASA, Archiv BPL.; S. 80 li., Peter Stättmaier, Archiv BPL.; S. 81 re. u. US Naval Observatory, Archiv BPL.; S. 85 l. o. Hale Observatories, Archiv BPL;
European Southern Observatory, Garching bei München, S. 74 li.;
Hausen-Planetarium, Salt Lake City, S. 85 li. o., li. u.;
Dr. H. U. Keller, Max-Planck-Institut für Aeronomie, Lindau, S. 74 re.;
Max-Planck-Institut für Chemie, Abt. Kosmochemie, Mainz, S. 75 re. u.;
USIS, Bonn: S. 58 re.; S. 59 li.; S. 61 o., M. u.; S. 64 re.; S. 66 li.; S. 68 li. o., re. o., u. li., re. u.; S. 69 li. u., M. u., re. u.; S. 70 li., re. o., S. 71 li. u.; S. 80 re.; S. 81 li. o., re. o., li. u.; S. 83 u., S. 84;
Carl ZEISS West Germany, Tübingen, Foto: Wolf von Engelhardt, Universität Tübingen, aufgenommen mit einem Zeiss Polarisationsmikroskop, S. 59 re.